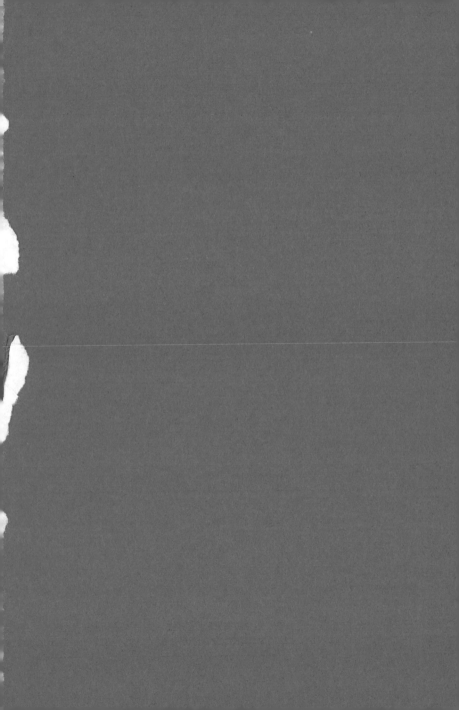

袋とじ！
属性別、融資可能な
銀行名記載
の一覧表

不動産投資で人生を変える！

最速でお金持ちになる絶対法則

キリトリ線

はじめに

この本を手にとってくださり、ありがとうございます。

「毎月100万円キャッシュフロー倶楽部」部長の紺野健太郎です。

この「毎月100万円キャッシュフロー倶楽部」とは、不動産投資を行う仲間の集まりです。「毎月100万円の手取りを得る」ことを目標に、主にネットでやりとりをしていますが、年2回は交流会をしたり、バーベキュー、サーフィン、旅行などの活動も盛んです。原則無料なのですが、入会には僕か副倶楽部長の面談が必要で、会員は現在250名程度です。

今はサラリーマンを辞めて不動産賃貸経営を専業としている僕が、お金、時間、場所に縛られない自由な生き方をしたいと考えたのは11年前、25歳のことでした。

そのころの僕は年収100万円台、貯金が50万円。仕事でお金持ちの人たちを見かけるたびにどうしたら、あの世界へ入れるんだろうと思っていました。

そして、あるとき世の中の普通の年収の人が「お金持ちになる仕組み」に気づきました。

その仕組みとは不動産を購入して、自分の代わりに働いてもらうことです。自分の年収くらいのお金を生み出す「自分の分身」をいくつか持っていれば、自分が働かなくても、夢である「海外を自由に旅しながら暮らす」ことができると思ったのです。

そして実際に初めて不動産を購入して2年8カ月でその夢がかない、僕はサラリーマン生活に別れを告げることができました。今ではパソコン1台で世界各地を旅行しながら、自分なりのライフスタイルを探求する毎日です。

現在保有している物件は、居宅59戸、駐車場15台。年間約4200万円の家賃収入があり、そこから月々のローン返済、固定資産税を引いた残りは、月200万円弱となります。この「家賃収入－ローン返済－固定資産税」が「100万円キャッシュフロー倶楽部」の倶楽部定義であり、この手残りが100万円を達成した人はレジェンドと呼ばれています。ちなみに、倶楽部内で現在十数人のレジェンドが誕生、1年～2年程度で達成している人も多くいます。

さて、実際の経営では、この手残りから空室損や修繕費、広告料などがかかります。本書ではそのへんを考慮して「家賃収入－ローン返済－固定資産税（倶楽部定義）×

80%」を最終的な手残りの数字として定義していきたいと思っています。

僕はその定義でいくと自分自身ほとんど働かなくても、現在毎月160万円程度の自由に使えるお金が入ってくるようになりました。年収300万円のサラリーマンだったこともある僕の人生は、不動産投資によって大きく変わったのです。

不動産投資の成果を測る指標にはいくつかありますが、僕が特に重視しているのは、「キャッシュフロー」、つまり現金です。

何をするにしても、必要なものはお金。生活を安定させるためにも、趣味や旅行を楽しむにも、お金がいります。現金があれば、自分のやりたいことができ、人生における選択肢が増えます。キャッシュフローが年収を超えるくらいになれば、サラリーマン生活をやめてアーリーリタイアすることも可能です。

反対に、どんなにたくさん不動産を買い、資産が何十億円にもなり、家賃収入が何千万円と入ってきても、現金が残らないのであれば、一生リタイアすることはできません。だからこそ僕はキャッシュフローが大切だと思っているのです。

そして、不動産投資によってキャッシュフローを得る方法には、再現性があります。

つまり特殊なスキルや多額の資産がなくても、誰でも実現可能です。年収が高いほうが有利かといえば確かにその通りですが、一歩ロジックを間違えれば、年収の高い人でも、キャッシュフローが残る仕組みを構築できないことがあります。逆に年収が低い人でも、金融機関から融資を受けて物件を取得していくことで、みるみるうちにお金持ちへの階段を登っていくことが可能で、それは僕が実際に証明していることです。

資産ゼロ、年収100万円から最速でお金持ちを目指すには？

僕がお金持ちになれる仕組みを見つけるまでの経緯はこんな感じでした。

話は高校生の頃までさかのぼります。周囲の人となじめず、目標もなく漠然と生きていた僕は、ある時テレビで競馬を見たのがきっかけで騎手になることを目指します。そこで高校を中退して養成学校に入ろうとしたのですが、どう減量しても体重制限をクリアできません。そのため、体重制限が日本よりも緩《ゆる》いオーストラリアの学校に留学することにしました。

しかしオーストラリアでは言語の壁や資金の問題にぶつかります。レースに出て報酬をもらうこともできたのですが、出費のほうが圧倒的に多く、1年後には資金が底を突いてしまい、結局それ以上親のスネをかじるわけにはいかず、帰国しました。

帰国後は、厩舎で働きながら騎手を目指しましたが、キャベツだけを食べて1カ月生活するなど無理な減量を続けた結果、倒れてしまい、ドクターストップ。

次に京都の乗馬クラブでインストラクターとして働き始めましたが、今度は人間関係に嫌気が差してしまいます。

夢破れて落ち込んでいたその頃、沢木耕太郎の『深夜特急』という小説に出会いました。若者が香港からロンドンまで一人旅をする話で、その自由さに無性に引かれたのですが、お金のないバックパッカーになって将来が見えなくなることには不安を感じました。お金持ちになって旅がしたい。いろいろな世界を見たい。そう思ったのです。

そこで僕は馬の世界はきっぱりと諦め、何となく旅と縁の深そうな職業だと思い、ホテルマンへ転身しました。そこではベルボーイとして働いたのですが、一流ホテルの客は、チップで1万円をくれることもありました。そんな経験から自分たち低賃金労働者との格差を見せつけられ、お金の必要性を痛切に感じるようになります。

そこで本職に加えて、荷物の仕分け、ティッシュ配りなど、ダブルワークに勤《いそ》しんでみたものの、肉体の疲労の割にたいしたお金にもならず余計に落ち込みました。

今度は本職できちんと稼げる仕事をしようと営業職に転職。今までの経験がうまい具合にはまり、年収も大幅にアップしましたが、ふと気づけば仕事漬けの毎日で、このままずっと同じ生活を続けていく自信がなくなってしまいました。


思い返せばオーストラリアで騎手を目指していた時、ホームステイ先の家庭はお金持ちで、優雅なセミリタイア生活を送っていました。乗馬クラブやホテル時代にも、たくさんのお金持ちを目の当たりにしてきました。

「どうすればお金持ちになれるんだろう……」

今まで以上に悩んだ僕は、25歳の時に思い切って会社を辞めます。そして1カ月間引きこもってお金に関する本を読みあさるなかで、次のようなことに気づきました。

それは、人生を年齢別に3段階に分けると、各段階の人が備えているものが変わってくるということです。

・0〜22歳の時は、［お金がない×、体力がある○、時間がある○］
・23〜59歳の時は、［お金がある○、体力がある○、時間がない×］
・60〜99歳の時は、［お金がある○、体力がない×、時間がある○］

そして、この3つを揃えるにはどうすればいいのかを模索した結果、

①お金＝毎月の収入を確立する
②体力＝若くしてアーリーリタイアする
③時間＝自分がいなくても稼ぐ仕組みを持つ

という答えを得るに至り、これらを実現できるものこそが、「不動産投資」だと確信したのです。

それから実際に不動産投資を始めるまでは数年間かかってしまいました（第1章参照）が、始めてからは、2年8カ月という猛烈なスピードで年収以上のキャッシュフローを稼ぐ仕組みを構築。すぐにサラリーマン生活に別れを告げ、憧れだった『深夜

特急』のような旅に出ました。

だいぶ遠回りしながら10代、20代を送り、31歳で不動産を購入、30代前半で第二の人生へと足を踏み入れることになったわけです。

毎月一定のお金を得られる仕組みを作る

一般的なサラリーマンの定年退職までの労働年数を40年、その間の平均年収を480万円と仮定すると、生涯年収は約2億円です。小さい頃から教育を受け、時間とお金をかけて自分自身に投資して、社会に出てからは40年の時間を費やし、2億円を回収していく。これが一般的な日本人の生き方です。

ひと昔前なら、それでも十分なリターンが期待できましたが、日本経済が順調に成長する時代は過ぎ去りました。今の環境では一流企業に入社しても安泰とはいえず、期待通りのリターンが得られないこともあります。それどころか、会社が倒産したり自分が倒れたりすれば、その途端に収入が途絶えてしまいます。

だからこそ給与収入と別に、毎月一定のお金を得られる仕組みを手に入れることが大切ではないでしょうか。そのためには、キャッシュフローを生む資産を持つ必要があります。それが比較的簡単にできるのが「日本の不動産」なのです。

不動産投資はハードルが高いように見えますが、じつはポイントさえつかめば難しくありません。

たしかに日本の人口が減少するなかで、市場全体で見れば空室率は上昇傾向にあり、賃貸経営が昔と比べて難しくなっているのは事実です。しかしほかの事業と比べれば、まだまだ伸び代があると思っています。

たとえば飲食ビジネスなどは、さまざまな不安要素があり、成功するためには高いハードルがあります。仕入れる食材は天候や市場価格に左右され、人を雇えば人件費と責任が重くのしかかります。そしてお客さんがたくさん来てくれるとは限りません。

一方、不動産貸付業というビジネスは、一度入居者が付いてしまえば、雨が降っても雪が降っても、毎月安定して家賃が入ってきます。物件管理を管理会社に、税務を税理士に……と各専門家に任せていけば、オーナーの仕事は経営判断のみになります。収支構造が単純明快で、おじいちゃん、おばあちゃんでも取り組んでいるのが大家さん業、つまり不動産投資です。

しかも現在日本は超低金利が続いていることもあり不動産投資に適した環境にあります。さらに現在、年収300万円だったとしても始められる方法があります。

この不動産投資に集中してキャッシュフローの仕組みを築き上げれば、セミリタイアでもリタイアでも自在に実現できます。

また不動産投資をすることには、お金以外のメリットもあります。たとえば、経営者としての経験値や判断力が身につくこと、税金、金融、不動産、保険、相続、銀行融資、リフォーム、賃貸経営などを学べること、そして人脈ができること。サラリーマン生活をしているだけでは会えないような人に会うことができ、時にその出会いが人生の大きな転機になることもあります。

700人以上と話してわかった不動産投資の壁とは

僕は2010年12月にブログを開設し、不動産投資とライフスタイルに関する情報を発信するとともに、投資の個別相談を受け付けてきました。実際に会ってアドバイスした方は２０１５年2月現在で７００名にも上ります。

そこでこれまで受けた相談を分析し、どのような悩みが多かったか順位を付けました。加えて、多かった悩みに対してこの本のどの章で解決できるかを示しました。

７００人以上の相談者のお悩みランキング

1位「自分にあった不動産投資の全体像がわからない！」
↓著者の体験談で不動産投資の流れを知る（第1章）
↓不動産投資に必要な４つのボックスと方程式を学ぶ（第2章）
↓目標を決める（第3章）

2位「融資は通るのか？　どう組み立てていけばいいのか？」
↓金融機関の融資を把握し、組み立てを何パターンか作ってみる（第4章）

3位「自分の属性（自己資金と年収など）で何ができるのか知りたい」
↓融資条件と自分ができることを確認してみる（第4章、巻頭袋とじ）

4位「物件探し、不動産会社探しはどうすればいいのか？」
↓キャッシュフローを意識した物件探しをする（第5章）

5位「初心者は業者に騙されるのでは？　どう行動していいかわからない」
↓騙されない知識を身に付けてから不動産屋に行ってみる（第6章）
↓初心者から夢をかなえた人たちの話を読んでみる（第7章）

不動産投資をするうえで必要なのは「再現性ある」「明確な行動計画」です。

これまで経験のなかった人が何をどうやっていいのかわからないのは当たり前です。

本書では、［目標］［融資］［物件］［賃貸経営・管理］の4つのボックスで考えて、あなたの目標にあった不動産投資の方法を理解していただきます。

そして、僕の経験から編み出した、「黄金の方程式」を使って自分だけの戦略を組み立てていただきます。


不動産会社の言いなりになったり、知人の方法をそのまま真似したりしても、不動産投資で成功を収めることはできません。あなたにはあなたに合った不動産投資の組み立て方があるからです。目標が人それぞれ違うように、その人に適した投資の仕方もそれぞれ異なります。

不動産投資においては、

「都心部なのか、地方なのか」

「利回り重視なのか、資産性重視なのか」

「RCなのか、木造なのか」

「一棟物なのか、区分なのか」

「新築なのか、築古なのか」

などなど、判断することはいろいろあります。しかし本書を読めば、自分の目標に合った手法を組み合わせて、自分にふさわしい「最速でお金持ちになる仕組み」を短期間で完成させることができます。

本書で目指していただくキャッシュフロー額は毎月100万円です。そしてその前段階として、まずは毎月50万円の達成を目指します。じつは50万円を達成すれば、次の100万円まではすぐにたどり着けます。

毎月100万円を得られる仕組みを持てば、人生はガラッと変わります。世界一周するなり、大学に入って勉強するなり、好きなことに時間とお金と体力を使うことができます。

ちょっとの年収、ちょっとの自己資金、この本のノウハウ、そしてやる気があれば、毎月100万円は必ず到達できる額です。

人生は一度きりです。航海せずに終わるのはもったいない。お金持ちになる仕組み作りにぜひ挑戦しましょう！

毎月100万円キャッシュフロー倶楽部　部長
「ユニークな一匹狼」こと紺野健太郎

Contents

不動産投資で人生を変える！

最速でお金持ちになる絶対法則

第1章 僕の人生を変えた「不動産投資」

スピード、行動、決断を！
成り上がるための融資×物件戦略

第2章 まずは50万円を目指す！ 成功を導く3つの「黄金の方程式」

3000万円を借入れたら、毎月15万円以上の手取りがあるか？

第3章

成功への第一歩は「目標設定」から始める

夢・ライフスタイル×必要な金額の目標設定＝心のエンジンになる

第4章 誰も教えてくれなかった「融資」の戦略的発想法

資産がまったくない無職、年収300万円以下でも投資できる！
銀行、ノンバンクを見極めてから、収益物件を選ぶ

第5章 RC？木造？……「物件選び」の最も重要なこと

誰もが迷う物件探しの極意とは、融資が「先」、物件が「後」

第6章 ここだけは気をつけろ！ 不動産投資でやりがちな失敗

不動産業者のカモにだけはなるな！ どの本にも書いていない禁断の裏話

第7章 夢をかなえた仲間たちのサクセスストーリー

不動産投資を始めてから出会った倶楽部の仲間。
みんな、アーリーリタイアをして自分の夢をかなえた

紺野健太郎の保有物件と収益状況

保有物件（購入順）

● 2010年05月（個人所有）
ワンルーム1戸
[利回り15.8%]
（神奈川県大和市）
1K×1戸

● 2010年12月（個人所有）
木造一棟アパート6世帯
[利回り16%]
（神奈川県横浜市南区）
1DK×4戸、1LDK×2戸

● 2011年05月（個人所有）
木造一棟アパート10世帯
[利回り21%]
（神奈川県横浜市西区）
1DK×6戸、1K×4戸

● 2012年03月（個人所有）
木造一棟アパート4世帯
[利回り16.7%]
（神奈川県横浜市泉区）
2DK×4戸、駐車場×1台

● 2013年01月（法人所有）
RC一棟マンション12世帯
[利回り25%]
（神奈川県横浜市瀬谷区）
2K×8戸、1DK×4戸、駐車場×1台

● 2013年09月（法人所有）
RC一棟マンション9世帯
[利回り22%]
（神奈川県横浜市南区）
2LDK×6戸、3LDK×2戸、事務所×1戸、駐車場×9台

● 2014年05月（法人所有）
木造一棟アパート9世帯
[利回り12.4%]
（神奈川県中郡）
2LDK×7戸、3LDK×2戸、駐車場×4台

● 2015年01月（法人所有）
鉄骨造２棟一括マンション8世帯
[利回り18%]
（東京都中野区）
1K×4戸、2K×3戸、倉庫×1戸

収益状況

● 家賃収入　毎月350万円
キャッシュフロー（倶楽部定義）　毎月196万円

● そのほか複数からの収益（副業・海外投資、他事業）　毎月50万円以上

★合計キャッシュフロー（倶楽部定義）毎月200万円以上

第1章

僕の人生を変えた「不動産投資」

スピード、行動、決断を！
成り上がるための融資×物件戦略

物件01

最初の投資物件は区分ワンルームマンション。ほとんど儲からず、人生は何も変わらなかった

この章では、学歴もなく低年収だった僕がどのようにして不動産投資をスタートし、毎月のキャッシュフロー100万円を超えたのか。そのストーリーを追いながら、各物件における戦略のポイントを解説していきたいと思います。

僕が最初に買ったのは区分所有のワンルームマンションでした。25歳で「不動産投資家になろう」と決意してから物件を取得するまで、6年もかかったことになります。

自分なりの方法を探し、迷い続けた6年間

25歳の頃、僕は「不動産投資家になるために、賃貸経営を学ぼう」と考え、表参道にあった小さな不動産管理会社へ入社しました。

年収３００万円程度と少なめでしたが、勤務時間には余裕があったので、不動産投資本を読んだりセミナーに参加したり、さらに資格取得の勉強もしました。１年間休みなしで徹底的に勉強した結果、短期間で宅建やファイナンシャルプランナーなどの資格も取得しました。

実務のノウハウも得たし、勉強もした。あとは実践あるのみ！……となるはずでしたが、ここから紆余曲折が続くことになります。

「不動産投資家になりたい」「アーリーリタイアしたい」との情熱だけは人一倍あり、どうすればそれが実現できるか毎日考えてはいたものの、インターネットで物件を検索し、収支をシミュレーションするだけの日々。実際の行動にはなかなか移せません。

年収が少なく、自己資金も少ないなかで、自分にとって納得のいく方法が見つからなかったのです。

今では、年収や自己資金が少なくても、やり方次第で不動産投資はできるということがわかっています。しかし当時はそれがわからなかった。

ただ、諦めることだけはしませんでした。「絶対にアーリーリタイアする」という強い決意だけは持ち続け、わずかながらも貯金を続けていました。

状況を打開する必要があると考えた僕は、今度は税理士事務所に転職。税理士になれば不動産の情報も得やすくなり、有利になると思ったからです。

しかし、年収はさらに下がって２４０万円となり、忙しいだけで勉強もままならない日々で、結局そこも辞めてしまいました。

それから今度は大手の不動産管理会社に転職。今までの実務経験や資格が評価され、年収４００万円台にアップしました。とはいえ、余裕があったわけではありません。

この時、僕は29歳で貯金は50万円程度。不動産投資を始めるのに必要な自己資金を貯めるため、お昼は毎日手作りのおにぎりを持っていき、会社の近くの公園で食べ、同僚たちの飲み会などへの誘いは一切断るという徹底した節約生活を続けました。その結果、２年で１５０万円の自己資金を貯めることができました。

31歳、初の収益物件を購入！

自己資金が合計200万円になり、この頃からようやく不動産会社にアプローチしたり、買付を出したりと、徐々に行動をし始めていました。

当初は一棟アパートを狙っていたのですが、どの不動産会社からも、「その年収や自己資金では難しい」「最初はワンルームのほうがいいですよ」などと言われ、「どうやら自分には一棟アパートは買えないようだ」と考えるようになります。

もちろん今なら、自己資金や属性（年収や勤務先、勤続年数など）なんてまったく関係なく融資を受ける方法があることや、最初の物件として区分マンションは効率が悪いこともわかっています。しかし当時は、不動産会社の言うことをそのまま信じてしまったのです。

そこで最初に探したのは1500万円くらいの都内の区分マンションです。「自分でも買えそう」だし、「都内にマンションを持つなんてカッコイイ」と思い、一人盛り上がりました。しかし、買付を出したものの、融資で断られてしまいます。価格を下げて1000万円程度で探すも、やはり買えない。

どんどん価格帯を下げていき、最終的に、神奈川県大和市の築24年、1000万円以下、低価格帯のワンルームで融資審査が通り、購入することができました。ノンバンクから金利4・3％、30年の長期融資を受け、不動産投資家としての人生をスタートしたのでした。31歳の時です。

ところが実際に運営してみると、家賃収入からローン返済、管理費・修繕積立金、固定資産税などを引くと、手元には毎月2万円ほどしか残りません。さらに退去になれば修繕費もかかってくるし、入居者募集には広告料もかかる。

「これで人生の何が変わるんだろうか……」と不安になってきました。

そしてその不安が的中したのか、買ってから数カ月後に電気温水器が故障し、1年分のキャッシュフローが飛んでしまいました。

僕は低価格の区分マンションでしたが、高価格帯の区分マンションでもキャッシュフロー（手残り）が数万円というケースもよくあります。左図の物件Bのような場合です。不動産投資をする目標がアーリーリタイアなら、月々1～2万円程度のキャッシュフローでは、20戸以上買い続けないと無理ということになります。

借入金は３倍でも、キャッシュフローはほぼ同じ！
よくある区分所有マンション投資の例

■物件A（価格500万円・築25年）

借入金額500万円（フルローン）、金利2.5%、借入期間30年

家賃収入／月	50,000円
月額返済／月	▲19,756円
管理手数料／月	▲2,500円
管理費・修繕積立金／月	▲12,000円
固定資産税／月	▲2,000円
キャッシュフロー（手残り）／月	13,744円

古い建物は管理費・修繕積立金が高くなる

■物件B（価格1,500万円・築５年）

借入金額1,500万円（フルローン）、金利2.5%、借入期間30年

家賃収入／月	90,000円
月額返済／月	▲59,268円
管理手数料／月	▲4,500円
管理費・修繕積立金／月	▲9,000円
固定資産税／月	▲3,500円
キャッシュフロー（手残り）／月	13,732円

家賃は徐々に下落

借入金は３倍なのにキャッシュフローはほぼ同じ

※解説をシンプルにするため、購入時の諸費用や減価償却費などの計算は省いています。

物件 02

低収入でもアパート一棟が買えた！ 融資に強い不動産会社をついに発掘

区分ワンルームで人生を変えることは無理だと気づいた僕は、一棟アパートの購入に向けて動き出しました。

まず区分を買った不動産会社に「一棟アパートを買いたい」と相談したところ、「年収と自己資金が不足していて銀行から融資が受けられない」と断られてしまいました。

そこで僕のような属性の低い投資家にも物件をアレンジしてくれる不動産会社はないか、片っ端から当たってみました。しかしどこからも、「この年収じゃ難しいですね」「自己資金ができたら来てください」などと、冷たくあしらわれるばかりでした。

それでもめげずに１００社以上アプローチしたところ、ついに「あなたにもできる」と言ってくれる不動産会社にめぐり会うことができたのです。

そこからぐっと一棟アパートの取得が現実的なものとなります。

ちょうどその時、たまたま入ってきた未公開の物件をその不動産会社は紹介してくれました。神奈川県横浜市、2路線3駅利用可能、横浜駅までも電車で10分程度、最寄り駅から徒歩圏内にある築27年の木造アパートで、表面利回りも高く、何年間もマイソク（物件資料）を見てきたなかで、一番欲しいと思った物件でした。

3分で購入を決断し、不動産会社に話を進めてもらうよう連絡しました。そして翌朝さっそく物件の下見をして、その足で不動産会社へ行き、その会社が紹介してくれた銀行へ融資申込の書類を書きました。

5日後、銀行から事前審査の結果について連絡があり、融資可能とのこと。融資可能額がわかったところで、売り主と価格交渉です。自己資金が限られていることや、共用部の廊下・階段の鉄部腐食で塗装が必要なことなどを条件に、値下げ交渉を成立させました。

売買契約を交わし、金融機関へ本審査を申込。そこからドキドキが絶えない毎日でしたが、1カ月後に融資が正式に通ったとの電話が入った時は、仕事中に小さくガッツポーズをしたのを覚えています。

金利は前回の区分マンション購入と同様4・3%と少し高いものの、木造築古アパートに25年の長期融資がつきました。この物件により毎月のキャッシュフローは19万円の追加で、合計では21万円になりました。

そしてこの時点から、当時の手取り給与とほぼ同じ額のキャッシュフローが毎月入ってくることになったのです。これが僕の転換点でした。

重要なのは、融資と物件の組み合わせ

今までの学びがすべてつながった結果が、この爆発的なキャッシュフローとして現れたのだと感じました。そして、これと同じ要領で複数の物件を取得していけば先が見える、間違いなくアーリーリタイアできると、この時確信したのです。

振り返って考えれば、それまでの僕は、知識だけは豊富に持っていたものの、間違った行動をしていました。

最も大きな間違いが、不動産会社選びです。僕が物件の紹介を依頼した不動産会社

はどれも、融資に強くないか、限られた金融機関としか取引のないところばかりでした。そのため、欲しい物件が見つかっていざ融資を申し込んでも、金融機関に断られることになってしまったのです。

エリア、利回り、建物の構造、築年数など、融資をする物件の基準や、融資申込者に求める条件は、金融機関によってまったく異なります。それをきちんと把握せずに、条件に当てはまらない物件を持ち込んでも、融資審査は通りません。

逆に言えば、条件に当てはまる物件を適切な金融機関に持ち込めば、ある意味、融資は簡単に受けることが可能です。であれば、そのことをきちんと把握し、条件に合った物件を探してきてくれる不動産会社と組めばいいわけです。

もちろん、融資を引き出せればそれでＯＫではなく、最終的にきちんとキャッシュフローが出ることが前提になります。つまり、**融資に強く、収益性の高い物件を持ってきてくれる不動産会社をまず探す必要があるということ。**これは難しいことのように思われますが、決して無理なことではありません。

不動産会社１００社に断られ、残った１社と取引できた経験から、この重要な真実に気づかされたのです。

物件03

築48年・利回り21％の再生アパート カードローンも使って大勝負を賭けた

一棟目のアパートが買えた僕は、俄然やる気になり、「行動あるのみ」にマインドが変わりました。以前にも増して手当たり次第に、一都三県の不動産業者にメールを送り、電話をかけ続けました。

掘り出し物を見つけ、その日のうちに内見と買付を実行

その中からメールで返事をくれた不動産投資会社に、翌日朝イチで電話していろいろと話していると突然「神奈川県横浜市西区で、表面利回り18％の築古アパートがある」と未公開物件情報を聞き出すことに成功。

横浜市西区といえば、横浜のど真ん中。その立地で利回り18％のアパートなんてあ

りえないお宝物件です。場所は勤務先から近かったので、その日のお昼休みのうちに内見に行き、すぐさま買付を入れました。

見たところ、築48年だけあって古いのですが、手入れは行き届いています。外壁の汚れ、屋根の瓦の剥がれ、階段踊り場の破損など、目立つ部分だけ200万円ほどかけて修繕すれば十分に使えそうだとあたりをつけました。

この不動産投資会社は金融機関を紹介してくれなかったので、融資は自分で直接申し込む必要がありました。そこで、一棟目のアパートで融資を受けた三井住友トラスト・ローン&ファイナンス（以下、三井住友トラストL&F）と、セゾンファンデックスの2社のノンバンクに融資を打診しました。

その結果、三井住友トラストL&Fからは共同担保と連帯保証人をつけて、金利4・3%の20年融資。セゾンファンデックスは共同担保不要で連帯保証人不要、金利4・8%の25年融資。耐用年数も切れていた築古でしたが、2か所とも融資が可能でした。

この時、セゾンファンデックスは固定金利で貸し出していたので長期融資25年固定金利なら良いと思い、セゾンの方で融資を受けました（現在の融資条件は変動金利になっています）。

融資が固まっても、最後の問題は自己資金不足。これをどうするか悩みました。

そこで、不動産投資会社と相談しつつ、融資額が届かないことを理由に買付価格からさらに値下げを売主さんにお願いしました。基本的には買付後の価格交渉はＮＧでしたが、交渉の結果、お互い納得のうえで下げることに成功。この時点で表面利回りは約20％に跳ね上がりました。

禁じ手の「カードローン」を使い400万円を調達

ここまでしたものの、あと４００万円足りません。そこで、どうしたと思いますか。苦渋の決断でしたが、カードローンを使ったのです。

カードローンといえば、金利が非常に高いため、本来なら利用するべきではありません。最近では1％台という低金利のカードローンもあるようですが、当時、僕が利用しようと思っていたのは、すぐにキャッシングができる金利10％台のもの。

しかし、僕には勝算がありました。まず、この物件の現在の稼働率が70％程度で推移しており、満室になれば約21％の利回りを叩き出せること。また、この物件の毎月の家賃収入が45万円で、ノンバンクへの返済と固定資産税を引くと残りは33万円。そこからカードローンへの返済６万円を引いたとしても、毎月27万円も現金が得られること。一棟目と合わせれば、毎月のキャッシュフローは約48万円になります。

カードローンを使うことで信用が毀損《きそん》し、それ以上融資を受けられなくなる可能性も考えましたが、１年で繰上返済すれば問題ないだろうと判断しました。

「人生を変えるには、この物件を購入するしかない」と決意し、勝負に打って出たわけです。

ちなみにあとからわかったのですが、カードローンの借金が残っていたとしても、他の金融機関から融資を受けることはできました。本やネットでは「ノンバンクで借りると信用毀損になってもう銀行では借りられない」「カードローンがあると次は買えない」などの情報をよく見かけますが、そういった情報はアテにならないものです。やはり実践で得た知識が最も有益です。

さて、そのようにして資金のメドが立ったところで、売買契約書を交わしました。売り主さんは、高齢になり資産を整理するために売却したかったとのことでした。「こんな若い方が買い主だとは思わなかった。でもよい方に買っていただいて安心しました」と言われ、最後は握手を交わしてお店を後にしました。

売買契約を交わした翌朝にノンバンクから「本審査の決裁が下りました！」との連絡が入りました。

すぐに屋根や外壁を修理して、空いている部屋のリフォームを実施。賃料を値上げして募集をかけたところ、間もなく満室になりました。

この物件、現在も高い稼働率で推移していますが、現在では築50年を超えているため耐久性に不安があり、あと数年後には建替えを検討中です。

すでに建替えに向けて、借り主との契約を、一般的な2年間の「普通賃貸借契約」から、契約更新がなく自由に期限を設定できる「定期賃貸借契約」に切り替えています。

どのようなアパートに建て替えるか、今から楽しみです。

物件04

物件発見から引き渡しまでたった20日で完了。プロパンガス会社をフル活用する

４つ目の物件（３棟目のアパート）は、物件の発見から決済、引き渡しまでなんと20日間という異例のスピードで進んだ物件です。

低価格帯のアパートを狙っていたところに、神奈川県横浜市内に築40年のボロアパートが２０００万円以下になっているのを発見。もともと目を付けていたアパートが値下げしていたのです。

スピード購入は即断即決できるかがカギ

さっそく不動産会社に連絡を入れたところ、たまたま僕の顧問税理士がその会社と親しかったこともあり、話が急展開し、あっという間に購入できてしまいました。

次の6つの要素が重なったことが、迅速に購入できた理由です。

- 他の物件からのキャッシュフローで自己資金が貯まってきていた
- 低価格帯のアパートを狙っていた
- 1年前から目を付けていた物件の価格が下がった
- さらに指値が通った
- 融資条件などを把握していた
- ノンバンクの決算期だった

またそれに加え、不動産会社の担当者に、僕の不動産投資経験や融資知識、属性、自己資金、行動力、決断の早さについて理解してもらえたことです。

不動産業界では「面倒くさい客、細かすぎる客、ビジネスライクな客」は嫌がられます。そんな人のところによい情報は来ません。

僕のような低価格系の築古高利回り物件を中心に狙っている場合は、特にその傾向が強くなります。戦略的で行動力、決断力があり、かつあまり細かくない、さっぱりした人のほうが、不動産会社にとっては「やりやすい客」と思ってもらえます。

さてこの物件は、高級住宅街に近く、周囲にはスーパー、コンビニ、公園、学校もある完全にファミリー層のエリアにあります。ただし難点は古いことと、2路線3駅のバス便だったこと。そこは「ペット可」物件にして特徴を付けることにしました。

無償で給湯器や風呂釜を新品に交換する方法

またこの物件では、プロパンガス会社を別のプロパンガス会社に変更した際、給湯器やガスコンロ、風呂釜などを無償で交換してもらいました。

中長期に賃貸経営していくうえで、消耗品の修理・交換は避けては通れない課題です。なかでも費用がかかるのが給湯器。8～10年に一度は交換する必要があり、1台当たり10万円程度かかります。50部屋保有していれば、10年間で500万円の交換費用がかかるということになります（ただし使用状況によってはもう少し長く20年くらい持つ給湯器もある）。

しかしこの高額になる交換や修理を無償でやってもらう方法があるのです。それがプロパンガス会社にお願いする方法です。

ガスには都市ガスとプロパンガスがあり、物件の所有者つまりオーナー（大家）は契約するガス会社を自由に選ぶことができます。

プロパンガス会社は顧客獲得競争が激しいので、都市ガスから変更（または他のプロパンガスから変更）することを前提に交渉すれば、無償でさまざまな設備を設置したり交換費用を負担してくれたりします。プロパンガス会社は、そのようなオプションをつけてでも一棟丸ごと、複数の部屋の契約を切り替えてもらうことで、その後毎月の使用料を自社に支払ってもらえればいいわけです。

たとえば古い建物のお風呂には、ボロい浴槽とともにバランス釜（浴室内の浴槽の横に設置するタイプの風呂釜）がよく使われていますが、これもプロパンガス会社との交渉次第で新品の浴槽と新品の給湯器に交換してもらえます。

設備が新品になり、浴槽も広くなり、無償で点検してもらえるなど、オーナーにとっても入居者にとってもいいことずくめ。入居者募集の際は、新品の浴槽はいいアピール材料になります。このようなテクニックも学ぶことができた3棟目の物件でした。

物件 05

公庫で固定金利20年の融資に成功、利回り25％のＲＣ購入が会社を辞める決め手に

次に購入した物件は、神奈川県横浜市にある築42年のＲＣ（鉄筋コンクリート）一棟マンションです。１０００万円以上の指値（値下げ）をして、獲得に成功しました。

これまでの物件ではすべてノンバンクから融資を受けていたのですが、今回は政府系の金融機関である日本政策金融公庫（以下、公庫）から初めて融資を受けることができました。

一棟目の不動産会社の仲介で、公庫から法人融資を獲得

じつは以前にも公庫から融資を受けようと、チャレンジしたことが2回ありました。

１００枚以上の資料を作り、２時間にわたってプレゼンをしたのですが、２回とも断

られていました。

そこで今回は、一棟目のアパートを買った不動産会社に相談。すると「大丈夫」との心強い答えが返ってきました。

資料を用意して以前チャレンジした支店とは別の支店に面談に行きました。担当者と5分ほど話をしたところで、「この収支状態だったら問題ないですね」と、あっさり融資が通ってしまいました。

「支店や担当者、仲介してくれる不動産会社が違うだけで、こうも対応が違うのか」と驚いたことを覚えています。

またこの融資では、初めて設立した法人で、法人融資を引き出した初めての物件になります。金利は2％台、固定金利、借入期間20年と最高の条件でした。


物件のほうは、購入時は12部屋中7部屋が空室でしたが、リフォームして満室にしたことで25％もの利回りを実現しました。

利回りが25％もあるととても安心です。全体の半分が空室になっても、あるいは周囲の物件と競争になって家賃が半分に下落したとしても、まだ12・5％もの利回りがあるわけで、それでもキャッシュフローはプラスです。

逆にフルローンやオーバーローンで利回り10％程度の物件を買ってしまうと、調達金利や年数にもよりますが、家賃を下げたくても下げられなくなり、周囲の物件と競争していくことができません。やはり不動産を取得するときは、**キャッシュフローと仕入価格が重要ということです。**

なぜ、木造アパートではなくＲＣに手を出したか

この物件ではほかにもいくつか新しい試みをしました。

たとえば賃貸管理。これまでは自主管理ですべて行ってきたのですが、物件が増えるにつれてそれが難しくなり、管理会社に任せるようにしました。

この物件は３階建てで土地・建物共に広く、共用部分の清掃費が大きくなります。そこで清掃費込み管理手数料３％（一般的には５％が多い）でやってもらえる管理会社を探して、そこに管理を委託することにしました。

入居者募集に関しては、敷金・礼金ゼロ、広告料２カ月分で進めました。広告料と

いうのは、賃貸契約を決めてくれた賃貸専門の会社に支払う手数料のこと。礼金1カ月をその広告料に充てることが多いのですが、この時僕は、自分の資金から上乗せする形で広告料を倍額支払うと伝えていました。さらに駅から徒歩18分という立地を考慮して、入居者に「契約してくれたら1万円相当の自転車をプレゼント」という特典を実施しました。

なぜこのような施策を取るかというと、とにかく早く空室を埋めるためです。空室があればその期間は収入が得られませんし、精神的負担も大きくなります。また、保有している不動産の稼働率が低いと、金融機関から新たな融資が受けづらくなることもあります。リフォームして入居者募集をかけてもなかなか動きがないようであれば、広告料や入居者特典を使ってでも、速やかに空室を埋めたほうがいいと考えています。

またこの物件は、区分は別にして、4棟目にして初めてRCマンションを買ったことになります。

第5章で詳しく述べますが、RCは木造に比べて、一般的に利回りは低く、価格は高く、運営費や固定資産税も高いという特徴があります。つまり、収益性が低い割に、支出が多く、あまり儲からないのがＲＣということです。

木造、ＲＣどちらにもメリット・デメリットはあります。僕は低い属性の人が、低リスクでスピーディーに規模を拡大していくには木造が適していると思います。

ただ、条件的にうまく買えた場合には、ＲＣは木造に比べて圧倒的な収益力を発揮します。この時買った４棟目の物件が、まさにそのケースでした。

勝因としては、まず大幅な値下げ交渉に成功し、利回り25％を実現できたこと。前オーナーがきちんとメンテナンスをする方だったので、築古の割に建物の状態はよく、リフォーム費用を最低限に抑えられたこと。築42年なので税法上は建物の価値がほとんどなく、毎年支払う固定資産税が非常に安かったこと。

このような要因から、利回りは高くなり、価格や運営費、固定資産税は低く抑えられ、その結果、爆発的なキャッシュフローを叩き出すことができたわけです。

ここまでで購入してきた５つの物件を合わせて、不動産投資における僕の倶楽部定義の毎月のキャッシュフローは１００万円に達しました。サラリーマンを辞めて賃貸経営で生計を立てていく自信がつき、すぐに会社に退職届を出したのでした。

物件 06

ローマから買付、信金融資の築古再生RC。パートナーがいればどこにいても物件は買える

会社を退職後、イタリアのローマを旅行し、キャンプ場に泊まっていた時のことです。５棟目となるこの物件の情報をメールで受信しました。スカイプで不動産会社や金融機関と相談したり、インターネットFAXで買付証明書や資料を送付したりしながら、購入準備を進めました。

「世界のどこにいても、インターネットさえつながれば物件は買える」と確信できた物件です。

海外から物件に買付を入れる方法

この物件は築古RCマンションで、神奈川県横浜市内で、最寄り駅から徒歩22分、

3LDK×2戸、2LDK×6戸、事務所倉庫×1戸、駐車場×9台という構成。割安だったのでぜひ買いたいと考えました。

自分では内見できないので、毎月100万円キャッシュフロー倶楽部の副部長に連絡し、お寿司をおごる約束をして、自分の代わりに物件の内見やリフォーム費用の計算をお願いしました。こういうときに自分と同じ感覚を持つ仲間がいると助かります。

そして買付証明書を作成して、不動産会社の担当者にメール。同時に融資を依頼するため、その日の夜に資料を作成し、PDFに変換して、日本政策金融公庫にインターネットFAXで送信。そして日本時間で翌朝10時、イタリア時間で深夜3時に、スカイプを使って公庫の担当者に電話を入れました。スカイプはユーザー間で無料通話ができるサービスですが、スカイプから国際間で日本の一般電話・携帯電話への通話も有料でできます。当時イタリアから日本へのスカイプ電話で日本の一般電話へかけた場合1分3円程度、携帯電話の場合1分10円程度ですから格安でした。

公庫の担当者には物件概要をひと通り説明し、評価を依頼しました。それと並行して不動産会社の担当者へ連絡し、価格交渉を依頼。するとその日のうちに満足いく価格へと指値が通りました。

順調かと思われていた3日後、公庫の担当者に連絡を取ると、「前回の融資から間もないということもあり、今回は希望額を融資できない」とのこと。これでは自己資金の負担が重くのしかかることになります。今回の案件に関しては公庫での借入は諦めました。

不動産会社には2日間の猶予をもらい、ほかの金融機関に問い合わせてみたのですが、この物件にはある障害があったこともあり、どこからもいい返事を得られず、結局デッドラインが来てしまいました。

一度諦めた物件に再チャレンジ。信用金庫で融資を受ける

障害とは、建物の一部が未登記だったことです。

不動産は、土地や建物の状況や権利関係を、国が管理する登記簿に登録しておく必要があります。しかしなかには、いろいろな理由によって登記されていない建物も存在します。不動産を担保に融資を受ける際、未登記の建物はすべて登記してからでな

ければ、金融機関は基本的に融資をしてくれません。

未登記だけでなく、容積率オーバー、建ぺい率オーバーなどの特殊な物件への融資は、ノンバンクなら対応してくれることもありますが、銀行や信用金庫、信用組合では容赦なく断わられます。

未登記部分があったら先に登記すればよいのですが、この物件では、登記費用は買い主に負担してほしいというのが売り主の希望でした。こちらが自腹で登記してもいいのですが、それで融資承認が下りなければ、その費用は捨て金になってしまいます。

そのほかにもいくつかの問題があったため、次第にうやむやになってしまいました。しかし僕が帰国してから1カ月後、不動産会社から「あの物件にまたチャレンジしてみませんか」と連絡があったのです。

どうやら売却を任された不動産会社と売り主との関係がうまくいかず、契約を解消することになったとか。そこで、僕に連絡をくれた不動産会社がすぐさま飛んでいって専属専任媒介契約（1社の不動産会社が売却も購入も担当する契約）を結んでいたのです。

問題となっていた未登記部分は、こちらの負担で司法書士に登記してもらいました。前述した通り失敗すれば捨て金になりますが、不動産会社を信用してそれに賭けてもよいレベルの物件だと判断しました。

融資については、信用金庫（以下、信金）に強い仲間に相談し、担当者を紹介してもらうことができました。

徹夜で資料を作り、翌朝、信金を訪ねました。到着すると、仲間からの紹介が効いたのか、高級料亭ばりの丁寧な接客で融資担当者が迎えてくれました。物件と個人情報資料を提出して、2時間かけて詳しく説明し、法人での融資を申し込みました。

3～4日後、信金から物件評価額が出たと連絡がありました。この物件評価額に掛け目（金融機関が安全性を確保するために、担保に取る物件の価格を低く評価するときの比率）の70％を掛けた額が、信金の考える担保評価額となります。そして通常、融資できるのは担保評価額が上限となります。

この物件に関しては、僕の出した融資希望額よりも担保評価額が下回っていました。しかし担当者が言うには、法人・個人の財務状態や賃貸経営の経験値を見て、担保評価以上に融資するケースもあるとのこと。特にすでに運用している物件の稼働率、キャッシュフロー、内部留保額には注目されるようです。それらを考慮したところ、僕の希望額で進めることは可能だと融資担当者が判断し、そのまま本部審査へ上げてもらいました。

結果、初回取引なので約２週間待たされましたが、本部審査で承認が下り、金利２・65％、借入期間15年で物件価格＋修繕費の満額融資を受けることができました。

これもやり手の支店長、融資担当者に出会えたことが大きかったです。今後もメインバンクとして信用と実績をつくっていくつもりです。

再生物件で重要なのはパートナー

その後、金消契約《きんしょうけいやく》（金銭消費貸借契約＝お金を借りる際に取り交わす契約）を経て、物件の決済・引き渡しとなりました。７月初めにローマで物件情報を得てから引き渡しまで約３カ月かかったことになります。

それから約２カ月かけて外壁、共用部、屋上防水、空きになっていた５室を大規模修繕しました。

このような再生物件は買ってから6カ月から1年くらいの間はいろいろな問題が出てくると事前に考えており、突発的に何か問題が起きても、すぐ対応する心構えでいます。

また再生物件は修繕費用などの資金が多くかかり、問題がたびたび起こるなどコントロールが難しいという特徴があります。

そこで重要になってくるのがパートナーの存在です。格安リフォーム業者、外壁塗装業者、設備会社、プロパンガス会社、保険会社、管理会社、柔軟に対応してくれる金融機関など、力強いパートナーがいれば、躊躇《ちゅうちょ》することなく全力で買いに走ることができ、数多くいる競合の個人投資家との争いに勝って物件が取得できます。そして最高の状態で再生手腕を発揮することができるのです。

この物件でも買ってから数カ月間は問題が発生しましたが、その後安定した賃貸経営ができるようになりました。空いている部屋を順調に埋めていったことで、結果的に利回り22％超を実現することになりました。

物件07 セブ島で地方銀行から本承認を勝ち取った湘南の中古木造アパート

これまではノンバンク、公庫、信金から融資を受けてきましたが、今回初めて、不動産投資においてはハードルの高い地方銀行（以下、地銀）から融資を引き出すことに成功。年収４００万円台、自己資金２００万円という低い属性の状態からスタートし、ノンバンクを使って不動産投資の取得を進めてきた結果、４年弱で地銀と取引ができるまでになりました。

借入期間を徐々に短くして財務体質を強化

神奈川県の湘南エリアにある、駅から徒歩15分、平成築の小綺麗な木造アパートです。利回りは僕が持っている物件の中ではおとなしめの12・４％。

この物件は自分の基準より利回りが低めだったのが懸念されました。そこで今回は借入で全額をまかなうのではなく、これまでの投資で積み上がっていたキャッシュを利用して、自己資金を20％くらい投下して利回りを高めることにしました。これにより、ローンの借入額から見た利回りは14・5％となります。

取得するまでの経緯は省きますが、物件6と同じように海外から取引をした物件になります。日本で買付や融資申込などは済ませたあと、フィリピンのセブ島に旅行に行きました。その際、スカイプ電話を使って銀行の担当者と話をして、本承認を取り付けました。

融資を受けたのは地銀で最大手の横浜銀行。変動金利2・5％、借入期間15年と、融資条件がとてもいいというわけではありませんが、地方銀行と取引していくことはこれからの戦略として重要だと考えています。

このときのポイントは借入期間を短くしたこと。これまでの物件では、借入期間をなるべく長めにして融資を取得してきました。しかし3棟目からは徐々に短くしており、今回のアパートも15年にしています。

長期で融資を組むことによって総返済額は増えますが、毎月の支払額を低く抑えることができるので、手元に残るキャッシュフローは増えます。**スタート時期はキャッシュフローの蓄積を重視して、期間20年以上を目標に融資を受けるのが基本戦略**です。

しかし築古の中古アパートでは、地銀や信金などから長期融資を受けるのはかなり難易度が高くなります。そのため、借入期間が長く取れるノンバンクや公庫、スルガ銀行、オリックス銀行、SBJ銀行、静岡銀行などが狙い目になります。

何棟か物件を購入してキャッシュが積み上がってきたところで、借入期間を徐々に短くするようにして、早めに負債を減らしてバランスシート（貸借対照表）を改善していくことが次のステージになります。

元金均等返済で一気に元金を減らす

もう一つのポイントは、銀行が指定した条件だったのですが、今回「元金均等返済」で融資を受けたことです。

ローンの返済には「元利均等返済」と「元金均等返済」があります。

ローンの返済方法は２通り

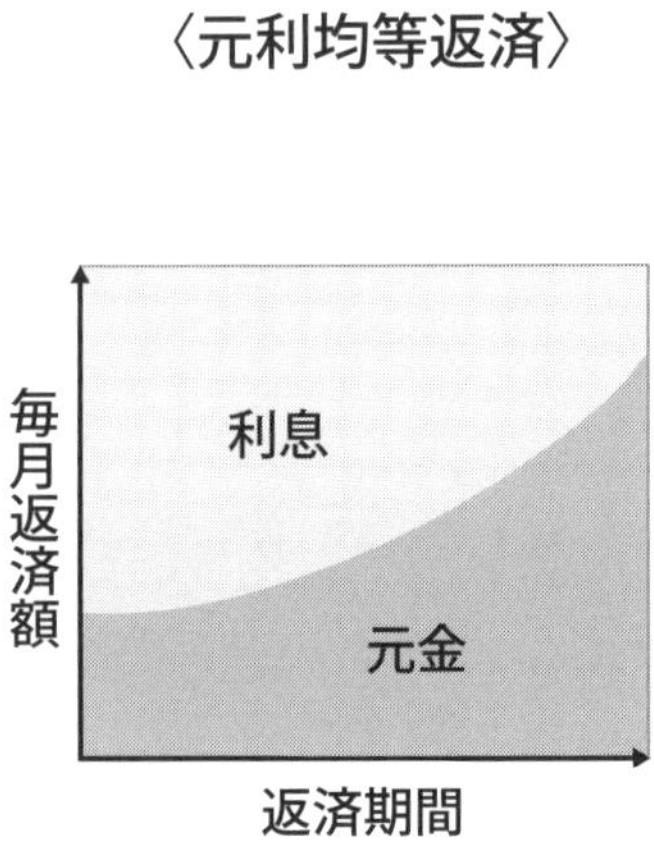

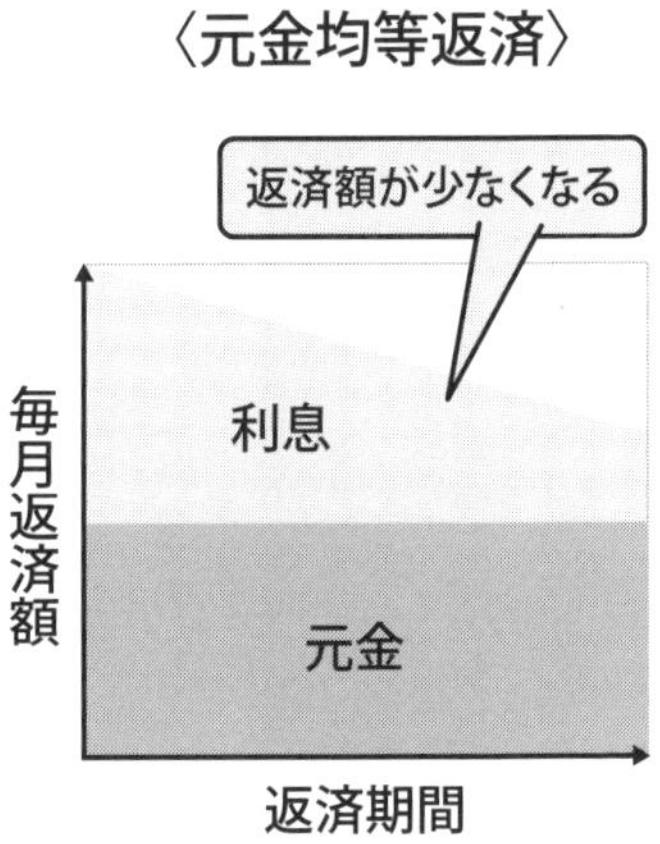

元利均等返済とは、毎月の返済額がずっと一定の返済方法です。毎月の返済額のうち、返済当初は元金部分の割合が少なく、後半になるにしたがって元金部分の割合が増えていきます。不動産投資では一般的にこの返済方法を選ぶことが多いでしょう。

元金均等返済は、元金部分の返済額はずっと一定で、そこに利息部分の支払いが上乗せされる返済方法です。元金が減っていけば、それにかかる利息が減っていくので、徐々に返済額が減っていくことになります。メリットは、元金の減るスピードが速く、総支払額が元利均等返済に比べて少なくなることです。

ちなみに、いずれの返済方法にしても利息部分は全額、経費になりますが、元金部分の支払いは、経費になりません。

元金均等返済では、当初の利息の支払額が多いので、キャッシュフローは少なくなる傾向にあります。その反面、元金の減りは早く、後半になればなるほど利息支払いが減っていき、見た目上のキャッシュフローはどんどん増加します。一方で税金面から見れば、利益が多く残ることで税額が高くなってしまいます。そのため、どこかの時点で物件を追加取得したり、外壁塗装や修繕するなど、利益を圧縮する方法を考えなければなりません。

返済方法一つ取っても、さまざまな視点から複合的に考えて、最適な方法を選択する必要があるということです。

物件08

バリで買付、パリで価格交渉、ハワイで融資承認。東京23区内の2棟一括マンション

本書を出版する直前に購入したのがこの物件です。

インドネシアのバリ島にいた時、不動産会社からメールを受け取りました。内容を見ると、東京23区内、2路線4駅を利用でき、駅からは徒歩5分の好立地にある築古鉄骨造マンション。相続物件で、売り主もまだ正式に売却を決めていたわけではなかったのですが、不動産会社の想定した価格だと立地の割にかなり割安です。自分のイメージでは利回り18%程度を目指せる物件だと考えました。

まずざっくりした収支資金計画を立て、融資の目星をいくつか付けて金融機関に打診。周辺の賃貸需要の確認を速やかに行い、スカイプ電話で関係者に連絡。そして帰国当日に現地確認を行い、リフォーム概算を出して、数日で融資仮承認を取りました。

約1カ月後、今度はフランスのパリにいる時に、売却を正式に決めたと連絡が入り

ました。そこから価格交渉をした結果、提示した価格を少し上げることで折り合うことができ、３週間後、売買契約を締結。最後の砦である融資の本審査に進みました。

11営業日後、本審査の承認が下りたとの連絡を受けたのは、ハワイにいた時でした。

この融資にはノンバンクの三井住友トラストL&Fを利用しました（金利３・９％、融資期間25年、法人融資）。この物件により、毎月のキャッシュフローは34万円の増加となり、合計では月１９６万円となりました。ここに80％を掛けても、毎月約１５０万円以上が手元に残る計算になります。

さて、次ページの図は、物件１から物件８までを購入し積み上げてきたキャッシュフローの階段を描いたものです。

年収４００万円台、自己資金２００万円、低属性の状態からノンバンクを中心に融資を受け、４年８カ月でここまで積み上げることができました。

ここまでは全力で収益力、資産力を上げてきましたが、ここからは財務体質を強化するため、しばらくは現金を貯めて純資産を増やしていく計画です。これはあくまでも僕のケースですが、誰が取り組んでもこれと同じようにキャッシュフローの仕組みを構築することは可能です。

キャッシュフロー構築のステップ

著者の不動産投資マイルストーン

※最終予定キャッシュフロー計算

キャッシュフロー＝（家賃－ローン－固定資産税）×0.8

※倶楽部キャッシュフロー計算

キャッシュフロー＝家賃－ローン－固定資産税

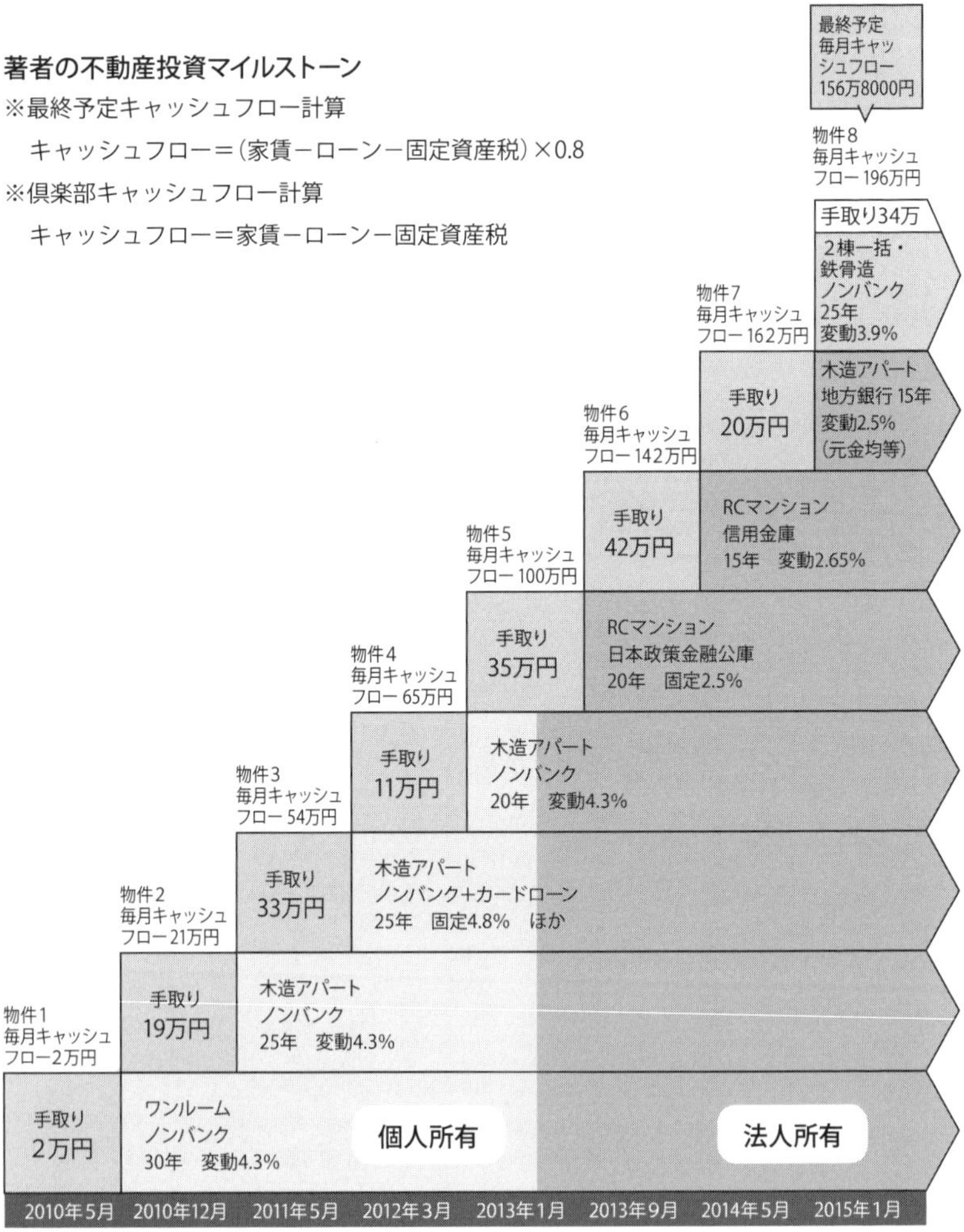

サラリーマンを辞めた日にそのまま海外へ

話は少しさかのぼりますが、物件5を買った2013年1月、会社に退職届を提出し、サラリーマン生活に終止符を打つことにしました。

最終出勤日は3月31日。スーツケースを持って会社に行き、荷物整理や引き継ぎを終えて会社を後にし、羽田国際空港へ。

新しい人生のスタートの記念に、1カ月間の「セミリタイアの旅」に出発したのです。ずっと夢だった「世界を旅する」生活です。香港、モロッコ、スペイン、イタリア、トルコ、エジプトを1カ月間かけて回りました。

サラリーマンを辞める決め手となった理由はいくつかありますが、その最も大きなものは、「キャッシュフローの仕組みができた」からです。キャッシュフローがあるからこそ、お金、時間、場所のコントロールが自由にできます。

ところで、不動産投資に取り組む人でアーリーリタイアを目指している人は多いと思いますが、リタイア後のプランを考えているでしょうか。無事リタイアできたとしても、その次に何をするかが決まっていないと、数カ月で飽きてしまったり、やる気がなくなったりします。

僕は退職して9カ月後に一度、燃え尽き症候群になりました。ローマで買付を入れた物件が買えて、倶楽部定義の毎月のキャッシュフローが142万円に達した時です。一つのバーを超えた気がして、何もやる気が起きない状態に陥ったのです。金銭的な心配はないものの、精神的には無性に苦しい日々が数日続きました。弁護士や税理士の資格にチャレンジしてみようかと思ったりもしたのですが、冷静になってみれば何かズレているような気がしました。

数週間考えた末に出た結論は、「自分の価値は、不動産投資で本物のアドバイスをできることにある」ということ。そして、かつての自分と同じような年収の低い人や行き詰まった人をサポートして、キャッシュフローの仕組みを構築してもらうことが、これからの自分の役割ではないかと気づいたのです。

また、そういう仲間を増やして旅行や趣味を一緒にできれば楽しいし、自分のライフスタイルも充実します。これは当初「毎月100万円キャッシュフロー倶楽部」を設立した時のビジョンでもあります。

そう思った瞬間、やるべき課題が明確になりました。

それは、あらゆる金融機関を網羅した融資対策であり、財務状況の改善、資金繰り、資金調達、保証協会などの深い知識やノウハウを付けること。また、物件の仕入れ先の開拓。**融資と仕入れ、この二つを制することができれば、毎月100万円キャッシュフローをどんな人でも達成することができるからです。**自分の使命をあらためて認識したことで、燃え尽き症候群から立ち直ることができました。

あなたもリタイアを目指しているなら、目標金額だけでなくぜひ、「リタイア後に何をするか」も考えてみてください。それが明確になれば、投資へのモチベーションも高まるはずです。

キャッシュフローで時間を勝ち取れ！ 不動産投資があればお金と時間が増える

あらためて、不動産投資によるキャッシュフローの大切さについて考えてみます。

僕が現役サラリーマンの時の給与収入（売上）は毎月30万円程度です。これに費やした時間を考えると1日8時間労働・1カ月23日出勤として、1カ月184時間。実際は残業もあるのでさらに多くの時間を労働へと投下していました。

これに対して現在は収入のカテゴリーが不動産収入（売上）に変わりました。満室時想定家賃で毎月350万円（更新料は除く）です。どちらの収入も僕一人の人間から生み出されていますが、その額には10倍以上の開きがあります。

また、（正確に試算できるものではありませんが）不動産収入に費やす時間を考えると、1日平均1時間として、1カ月に23時間程度です。なんとサラリーマン時代の8分の1の労働時間で10倍以上の収入を得ていることになります。

給与収入

売上　30万円／月
労働時間　１８４時間／月

不動産収入

売上　３５０万円／月
労働時間　23時間／月

一般的な職種で給与収入を月1万円上げようと思っても、かなり大変です。会社が各ポジションに対して支払える額（予算）はあらかじめ決められているわけで、自分がそのポジションを選んだ段階で、おおよその年収が決まってしまいます。

不動産賃貸経営者になる、というのも一つのポジショニングです。自分が登るハシゴをどこに掛けるか、その選択によって、仕事もライフスタイルもすべてが変わってくるということです。

人生と投資期間はタイムリミットがある。出口戦略は必要か？

僕は2014年に36歳になりました。もし80歳まで生きると仮定すると、あと44年弱が、僕の人生のタイムリミットです。残された時間はあるようで少ないです。

僕の戦略は築古アパートが中心ですが、多くの人が築古アパートへの投資に対して、「古い＝リスクがある」と必要以上に警戒したり、「建物が使えなくなったらどうするの？」「売却時には価値がなくなっているのでは？」などと出口戦略を気にしたりしていますが、そもそも僕にもあなたにも自由に使える時間は限られています。

僕の場合、残りの44年を有効に、楽しく生きることを重視しているので、不動産投資に関しても、死ぬまでにけりを付ければいいという考えです。極端な言い方をすれば、どれだけ築古でも、出口なんて考えなくても、44年間運用ができてキャッシュフローが出せればそれでいいのです。最後の最後には、入居者に物件をあげてしまってもいいかもと思っています（笑）。

木造建築の寿命は30年とか40年とかいいますが、現実には築100年の物件なんてザラに建っています。自分の保有物件よりも、自分のほうが先に寿命を迎える可能性も十分にあります。

であれば資産形成においては、**10年後、20年後に完済してからやっとのことでキャッシュフローを得られる物件を取得するより、即時キャッシュフローが出る物件を取得していくべきではないかと考えます。**

寿命が80歳までであるとしても、身体が自由に動けて、アクティブに楽しむことができる年はおそらく65歳くらいまで。そう考えると、僕に残された楽しい期間は29年くらい。すでに人生折り返し地点を過ぎていった感覚です。

ただただ、時間は有限だと意識しなければなりません。あなたも一度立ち止まって、「時間」について考えてみてください。

不動産投資は時間、場所、お金にしばられずにできる仕組みの一つです。物件や不動産投資のリミットも大事ですが、自分のリミットはもっと大事です。それがあっての不動産投資なのです。

あなたの目標は何ですか？　僕は100のやりたいことリストがあります。スーツが似合うお洒落な不動産投資家になる。パリ20区内の小さなホテルオーナーになる。無鉄砲な発想でもそこから全てが始まる。

第2章

まずは50万円を目指す！成功を導く3つの「黄金の方程式」

～3000万円を借入れたら、毎月15万円以上の手取りがあるか？

「預金通帳にいくら残るか」が不動産投資だ！まずはキャッシュフローを叩き出す

書店に行けば不動産投資の本がたくさん並んでいます。

その内容はさまざまで、「区分ワンルームマンションから始めるのがいい」というものもあれば、「最初から一棟物にするべし」というものもあります。あるいは、「都心部か、地方か」「利回り重視か、資産性重視か」「RCか、木造か」「新築か、中古か」「自己資金多めか、フルローンか」などなど、選択肢はじつに多種多様。

それが未経験者を悩ませてしまいます。実際のところ、どれが正しく、どれが間違っていると断定することはできません。不動産投資といっても、目標や自己資金、属性（年収や職業）、投資スタイルなどはまったく異なり、最適な手法は人によって違うからです。

したがって不動産投資をこれから始めようとする人に必要なのは、**何を基準に選択**

していくべきか、明確な判断軸を持つことです。判断軸があれば、自分にとって正しい選択肢を選ぶことができますし、誤った選択をして失敗するリスクを抑えることができます。

僕はこれまでの経験を踏まえ、**不動産投資における判断軸を3つの「黄金の方程式」に集約しました。**この方程式に当てはめて考えることで、正しい選択肢を選ぶことができ、失敗を回避することが可能となります。

キャッシュフローがすべてのカギを握る

さて方程式の解説に入る前に、すべてにかかわる大事な原則についてお話ししたいと思います。それは、前にも少し触れましたが「キャッシュフローを重視する」ということです。

このキャッシュフローの計算方法は、家賃収入から月々のローン返済と固定資産税を引いた残り（＝毎月100万円キャッシュフロー倶楽部定義）です。ここから経営者の腕次第で最終的な手取りが大きく変わるので、倶楽部内で全員の数値はこの式を利用しています。そして最終予定キャッシュフローは倶楽部定義キャッシュフロー×80%の数値としています。

というのも、倶楽部定義キャッシュフローがそのまま全部自分のフトコロに入ってくるわけではありません。もし空室が出ればその期間は損失が発生しますし、金利が上昇すれば毎月の返済が増えることになります。ほかにも賃料下落、修理や改修のための修繕費、入居者が出ていったあとの原状回復費用、入居者募集の際に不動産会社に払う広告料、所得増加に伴って負担が増す所得税・住民税など、出費の可能性はいたるところに潜んでいます。ですので僕はその経費率を20%と見ています。少ないキャッシュフローしか得られない投資では、これらの出費に耐えきれなくなってしまいます。

しかし、キャッシュフローが潤沢に出ていれば、予測不可能な出費にも耐える力が強くなります。金利上昇に備えて資金を留保したり、状況に応じて繰上返済したりといったことも可能です。なによりキャッシュフローがあることで心に余裕が生まれます。不動産投資では**ほとんどの問題はお金で解決できるのです**。

資産の限られた普通の人ほど、まずはキャッシュフローが出る物件を購入すること

不動産投資では、ほとんどの問題はお金で解決できる！

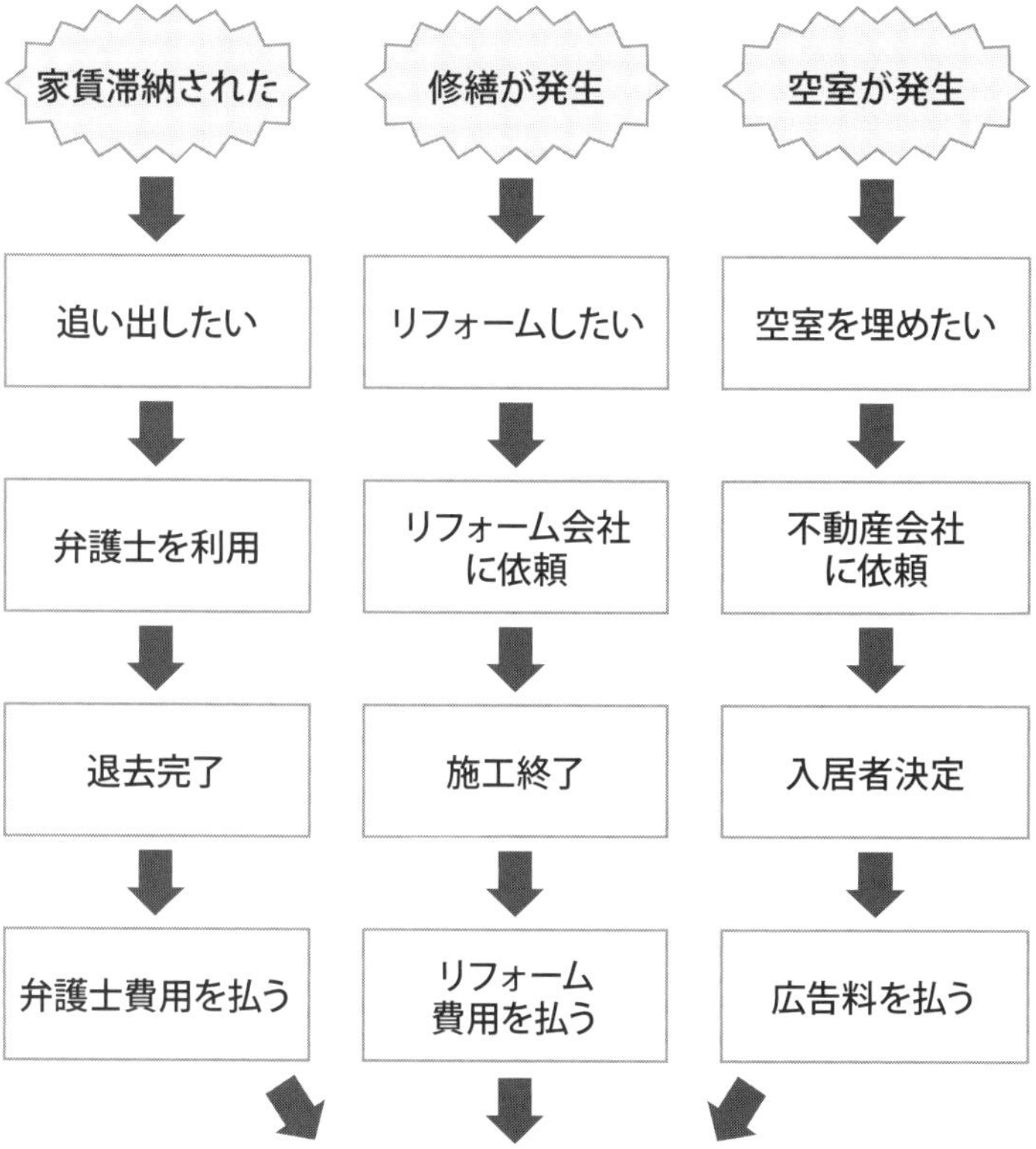

お金で解決できた！

ローン、固定資産税、大規模修繕、いろいろあるが、キャッシュフローが出ていれば大概の問題に対処できる

が大切です。ところが実際は、初心者ほど、キャッシュフローの出ない資産を最初に買ってしまうというミスを犯しがちです。

区分ワンルーム投資の罠

たとえば、不動産投資の広告でよくありがちな、1500万円くらいの都心にある区分所有ワンルームマンション。あのような物件をローンで買うことは、キャッシュフローの出ない投資の代表といえます。

あのような物件は主に都心に位置しているためある程度の資産価値があり、入居者も付きやすく、所有することでの満足感が得られるというメリットはあります。

また、年収の高いサラリーマンは、オリックス銀行やノンバンクなどから比較的簡単に融資を受けて買うことができます。しかしそれは、その人の属性を評価して融資をしているだけであって、物件への評価ではないことも多いのです。そのため、年収1000万円クラスの高級取りでも、1500万円級の区分所有ワンルームを3～5戸買ったところで融資が打ち止めになり、それ以上買うことができなくなることはよくあります。

そして何よりも、収益力が弱いのでキャッシュフローがほとんど出ません。

月１、２万円しかキャッシュフローが出ない物件で、毎月１００万円のキャッシュフローを得るには、50戸以上必要です。これははっきり言って無理な戦略です。

それなのに、不動産会社はワンルーム投資を盛んに勧めてきます。それは彼らが確実に儲かるからです。１５００万円級のワンルームを、提携金融機関の融資を付けて買わせる。これだけで業者は数十万円から１００万円以上の手数料収入を獲得するのです。販売手数料で不動産会社を儲けさせ、ローンで銀行を儲けさせ、賃貸管理手数料で管理会社を儲けさせ、税金で国を儲けさせ、自分はあまり儲からない。これがワンルーム投資の実態です。

普通の人が不動産投資を始めるなら、まずはキャッシュフローがきちんと出る物件を優先しましょう。東京で言えば目黒やら品川といった都心の立地で物件を買って満足感を得るのは、キャッシュフローを得る仕組みを構築したあとにやればいいのです。

方程式 01

投資戦略は4つの「ボックス」から決める

不動産投資を成功させるために何をどうすればいいのか。黄金の方程式その1はその具体的な行動を決める際の基準となる、「目標」「融資」「物件」「賃貸経営・管理」の4つのボックスを決定することです。自分に合ったボックスを一つひとつ決めていくことで、自分が選ぶべき道が明確になります。

ボックス❶【目標】目標によって投資の組み立ては変わる

ボックスの一つめは目標です。目標（キャッシュフロー額や達成までの期間）をきちんと設定しましょう。固定概念や常識の壁をすべてぶちこわし、理想を好き勝手に描いてみます。その目標によって不動産投資の組み立て方は変わってきます。

４つのボックスで不動産投資の成果が決まる

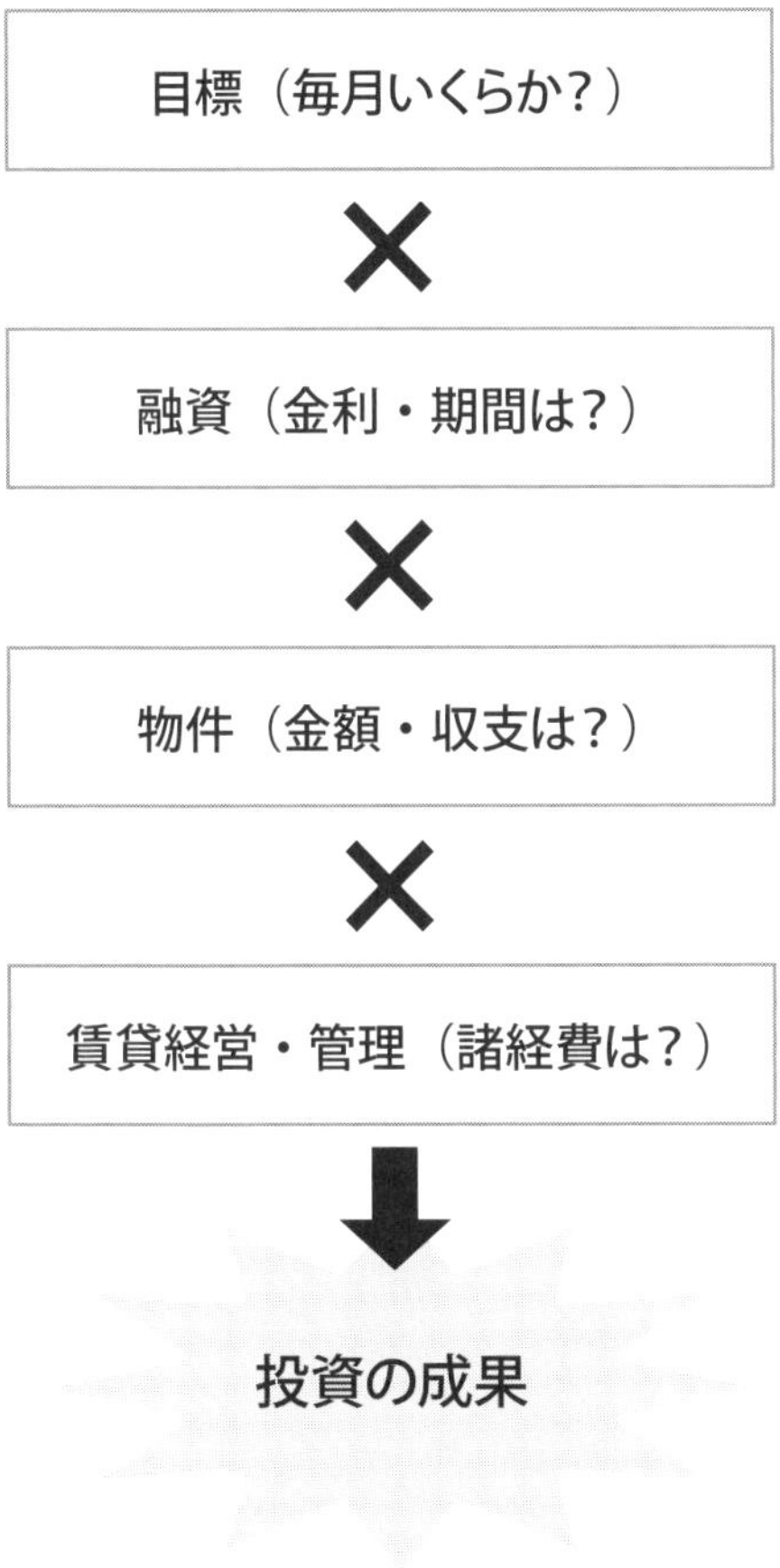

あなたの目標額が毎月10～30万円程度であれば、都心部の区分ワンルームマンションや戸建てを現金のみで買っていくことで達成できるかもしれません。

しかし、**毎月100万円のキャッシュフローを短期間で達成させたいなら、融資を利用して、一棟物を複数買い進めていくことが必要になります。**

キャッシュフロー額や達成までの期間を目標として設定することで、やるべき行動も明確になります。この本を手に取ったあなたは、中期目標として50万円、最終目標として毎月100万円をぜひ目指してください。目標設定については第3章でも解説します。

ボックス❷【融資】物件探しより融資条件を把握する

普通の人が不動産投資を行い短期間でキャッシュフローをつくるには、融資の利用は避けて通れません。

一棟物アパートであれば売価は最低でも1000万円程度になるので、資産家でもない人は融資を受けなければ1棟も買うことができないでしょう。逆に言えば、融資を使うことで、少ない自己資金で大きな額の取引ができる（＝レバレッジを効かせられる）点が不動産投資の魅力でもあります。

そこでまずやるべきことは、**融資の仕組みを把握すること**。本書では、「どのくらいの年収の人なら、どんな条件（金利・期間）の融資を、どの金融機関から受けることができるか」を一覧表にし、袋とじでまとめました。

これを参考に、まずは自分が使える金融機関と条件を把握しましょう。

なぜ、最初に融資を把握することが大切なのかもう少し解説します。

たとえば、Ａ銀行では東京と神奈川の物件にしか融資を出さないという規程があったとして、そこを理解せずに、千葉の物件を見つけてＡ銀行に融資を申し込んでも、決して融資を引くことができません。それがいくらすばらしい物件でも、融資を受けられなければ、ほかの人に買われてしまうのです。

営業エリアに限らず、対応している物件の種類や融資期間など、各金融機関の融資方針を把握しておかないと、無駄足を踏んでしまうことになるのです。

僕は6年間、このミスを続けていました。ネットでひたすら物件を検索したり、業者に情報をもらったりして、よさそうな物件を見つけると、金融機関に融資を申し込んでみる。しかし、金融機関の融資条件と物件がまったくマッチしていないために、断られてしまう。そんなことの繰り返しでした。

融資のことを理解できていればこのような遠回りをしなくて済みます。あらかじめ買うべき物件の条件が明確になるからです。不動産会社にとっても、どんな物件を紹介すれば買えそうかがはっきりしていれば、情報を提供しやすくなりますし、積極的に動いてくれるようになります。

物件ではなく融資が先、これが原則。融資戦略については第4章で解説します。

ボックス❸【物件】きちんと収益があがる物件を買う

融資イメージがわかれば自ずと物件イメージが見えてきます。物件イメージが把握できたら、その融資（マイナス）と物件（プラス）を組み合わせて、本当に儲かるかどうか、収支を計算します。

収支が合うことがわかったら、その融資イメージ、物件イメージに当てはまる物件を探していきます。

物件を探す際に重要なのは、不動産会社選びです。自分のイメージに合った「融資」「物件」をアレンジでき、儲かる不動産投資のマイルストーンを描いてくれる不動産会社を見つけることが成功の鍵になります。そのためには、インターネットだけでなく、**直接電話する、訪問するなどして、不動産業者を開拓していく作業が必要になります**。

「不動産は仕入れで決まる」といいます。収益の上がる物件を適正な価格で購入するためには、不動産会社の協力が欠かせないのです。融資に詳しい不動産会社選びについては第5章で解説します。

ボックス❹【賃貸経営・管理】少しずつ勉強して正しい意思決定を

賃貸管理には、管理委託に始まり、空室募集、申込、契約、現況確認、入居、賃料回収、更新、クレーム、修繕、原状回復、退去立ち会い、敷金精算と、いろいろな作業が発生します。自主管理する場合にはこれらの作業を自分でやることになりますが、フルタイムで働く普通のサラリーマンには限界があります。基本的には管理会社に任せるのが得策です。

それらの作業を管理会社に委託した場合、賃貸経営者は意思決定をするだけなので、実際に行う作業はほとんどありません。物件購入時の収支計算が正しければ、この段階で大きな問題が起こることはあまりないでしょう。

とはいえ、まったく知識がないと意思決定を誤ってしまいます。

たとえば修繕が発生したときに、管理会社に任せっぱなしでは高い修繕費がかかってしまうことがあります。ある程度の知識や経験があれば、「補修はこの部分だけにして、ほかはクリーニングで対応する」といった判断ができ、修繕費を抑えることもできます。

賃貸経営をしながら少しずつでもいいので、物件の管理やリフォームについて勉強していくことが大切です。

方程式02

プラスとマイナスを引き離して収支を向上させろ！

黄金の方程式その2は、収支に関するものです。

賃貸経営における収支のプラス部分は言うまでもなく家賃。収支のマイナス部分には、ローン返済、運営費（管理手数料や共用部電気代など）、固定資産税などがあります。これらの大まかな内訳は上図の通りになります。

この内訳の場合、キャッシュフローを残すために、いかにして、プラス部分を増やし、マイナス部分を減らすかが求められます。

ただ、家賃はそう簡単に上げられるものではあ

収支の主な内訳イメージ

家賃	100%
返済額	▲ 50%
運営費	▲ 20%
固定資産税	▲ 10%
キャッシュフロー（手残り）	20%

りません。そこで、複数あるマイナス部分をいかに抑えられるかがポイントになってきます。

運営費、返済額をいかに抑えるか

まず運営費ですが、管理手数料が安く質の良い管理会社やリフォーム屋を探す、また自主管理やリフォームをＤＩＹにするなどの方法で下げることができます。ただフルタイムで働くサラリーマンにとって自主管理やＤＩＹは難しいといえます。僕は、所有と経営を分離して、いかに自分の手間を無くすかを大事にしています。

次に固定資産税ですが、これは基本的にはコントロールできません。

最もコントロールしやすい部分が、毎月の返済額です。返済額は家賃収入の50％以内に抑えることを目指します。

返済額は、借入額、金利、返済期間の組み合わせによって決まってきます。日々の返済額を減らすには、

・借入額を減らす
・金利を下げる
・返済期間を伸ばす

この3つの選択肢があります。

一つめの「借入額を減らす」とは、自己資金の割合を増やすやり方があります。金融機関の出した金利・期間の条件ではキャッシュフローが多く残らないというのであれば、自己資金を多く入れることを検討してみます。

次に「金利を下げる」ですが、金利は金融機関に対する賃貸経営者の信用度によって決まってしまいます。返済がある程度進んでから交渉することは可能ですが、それでもハードルが高いといえるでしょう。

スタート時は返済期間をできるだけ伸ばす

そこで最も大きなポイントとなるのが、「返済期間を伸ばす」です。返済期間を長く取れれば、毎月の返済額が少なくなり、キャッシュフローが多く得られるようになるからです。

たとえば5000万円を金利4％で借りたと仮定すると、

- 借入期間15年→毎月の返済額は約37万円（総返済額は6658万円）
- 借入期間25年→毎月の返済額は約26・4万円（総返済額は7918万円）

と大きな違いが生じます。期間を長くしたほうが、月々の返済負担は圧倒的に軽くなり、これがキャッシュフローのプラスとなって現れてくるということです。

返済期間を長くすることで、トータルでの返済額は増えてしまうデメリットはあります。しかし、それでも**不動産投資の初期段階では借入期間をできるだけ長くして、キャッシュフローを優先して残していくべき**だと思います。

しっかりとキャッシュフローがあれば、修繕費や入居者募集のための広告料など、突然の出費にも耐えられます。キャッシュフローを積み上げて自己資金をつくり、次の物件へ投資することも可能になります。

また、借入期間を長く取ったからといって、必ずしもその期間をかけて返済しなければならないわけではありません。５年後に売却するかもしれませんし、キャッシュが貯まってきたところで一気に繰上返済したり、あるいはもっといい条件で借り換えたりという方法も考えられるのです。

「ノンバンクは金利が高いから怖い」という人がいますが、借入期間を長く取ることができれば、月々の返済負担は低く抑えられるので怖くはありません。

期間を短くした結果、ローンや修繕費用が払えずに、物件を差し押さえられてしまった人もいます。手元の現金がなければ賃貸経営は厳しくなります。ＦＸマンガなどで人気の某マンガ家さんが、不動産投資で失敗した話をネット上のコラムに書いていましたが、そのケースも借入期間は13年と短めでした。25年などの長期でローンが組めれば、物件を手放さずに済んだかもしれません……。

なお、月々のローン返済額については、ネット上のシミュレーションやスマホのアプリを使えば簡単です。ちなみに僕が使っているのは、不動産連合隊のｉＰｈｏｎｅアプリです。基本は物件情報を見るアプリですが、「その他」のページから「収支計算」という項目をタップすると簡単収支シミュレーションができます。

不動産投資連合隊 for pc

http://www.rals.ne.jp/invest/info.htm

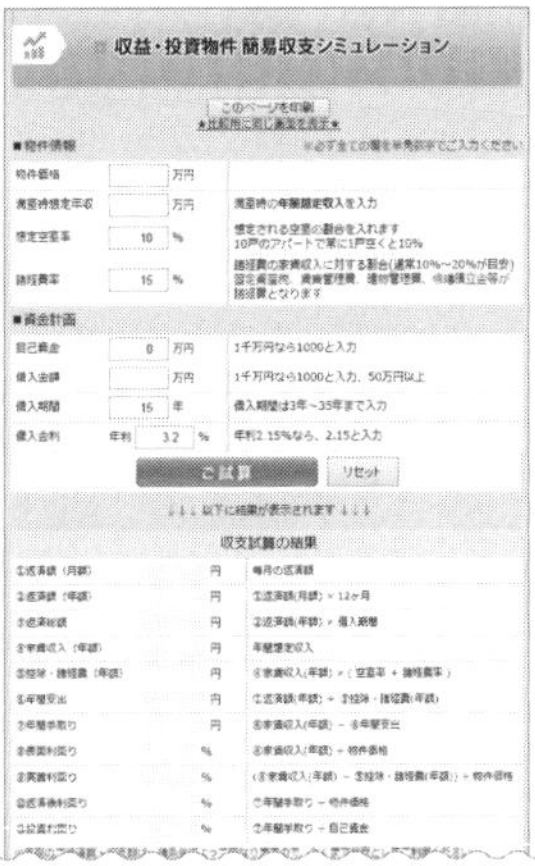

不動産投資連合隊 for iPhone

http://www.rals.co.jp/invest/app/

方程式03

この数値以下の「物件×融資」は買ってはいけない

最後、３つめの黄金の方程式は、単純ですがとても重要です。家賃からローン返済額を引いた【Ａ】が、一定の基準を満たしているかどうかをチェックします。

毎月の家賃－毎月の返済額＝Ａ

借入額別のＡの最低水準

- ３０００万円の借入→Ａ＝毎月15万円
- ５０００万円の借入→Ａ＝毎月25万円
- １億円の借入→Ａ＝毎月50万円
- ２億円の借入→Ａ＝毎月１００万

たとえば3000万円の物件を、融資を受けて買おうとするとき、家賃－返済額＝Aが毎月15万円以上になるかどうかを確認して、クリアできていればひとまず買ってもよい物件だと判断します。つまり、**Aが借入額の0・5％以上かどうかで判断する**ということです。

計算の結果、もし15万円を下回っているようであれば、

- 借入額を減らす
- 毎月の返済額を減らすため金利を下げるか、借入期間を伸ばす
- 価格交渉して買値を下げる

といった対応で、Aを増やせないか検討します。どれもできないようであれば、基準に満たなかったということで諦めることになります。

なおこのAは、キャッシュフローではありません。あくまでも家賃から返済額を引いただけの金額です。キャッシュフローを確保するためにも、この時点での最低水準をクリアしておくということです。

実際の物件で計算してみると、この水準をクリアするのはそう難しいことではないのがわかると思います。

第3章

成功への第一歩は「目標設定」から始める

どんな生活を送りたいのか？
夢・ライフスタイル×必要な金額の目標設定＝心のエンジンになる

具体的な目標を決めることで、買うべき物件が決まる

目標設定はいつの時代も有効な行動指標になります。まず目標を定めてからでなければ、行動にブレが生じてしまいます。

よくある例が、目標があいまいなまま何となく物件探しから始めてしまうこと。

「最初は1000万円くらいの区分ワンルームがいいのかな？」

「3000万円くらいのアパートから始めてみようかな」

というふうに、ぼんやりとスタートしてしまう人が本当に多いです。物件から決めてしまうと、そこだけに意識が限定されてしまい、ほかの選択肢が見えなくなります。

もし希望に合った物件が見つかり、融資を受けることができて購入はできたとしても、借入期間が短かったために返済負担が重くなることや利回りが低すぎて収益が出ず、結果、キャッシュフローの残らない投資になってしまった、という事態になりが

ちです。

大切なことは先にキャッシュフローの目標額を決めること。そうすることで、目標額から逆算して戦略を組み立てていくことができます。

またキャッシュフローの額だけでなく、そのキャッシュフローを得ることでどういうライフスタイルを送りたいのか、そもそもなぜ不動産投資なのかなど、より大きな視点で目的や目標について具体的に考えて書き出すことが大切です。

アーリーリタイアを目指すなら、リタイア後に何をしたいのかも考えてみてください。これらを具体的にすることで、取り組むべき行動が明確になり、モチベーションを維持することができるのです。

次に挙げた例は、僕が25歳（約10年前）の時に立てた目標です。「思考は現実化する」といいます。このような目標をぼんやりと考えるだけでなく、まず、紙に書いてみることが大切です。

目標の例

●なぜ不動産投資なのか？

↓毎月安定している。自分で経営できるなど、ほかにないメリットが多岐にわたる

●**何を達成させたいのか？**

↓お金があり、自由な時間を持ち、場所を選ばず何事も選択できる自分になる

●**どういうライフスタイルを送りたいのか？**

↓不動産投資×ライフスタイルの追求、パソコン1台で世界中どこにいてもライフワークができる仕組みを持つ

●**いつまでにやり遂げたいのか？**

↓45歳までにキャッシュフロー月50万円（当時の目標。今は2～3年の短期で達成することが望ましいと思っている）

●**誰と一緒にやりたいのか？**

↓同じ志を持つ仲間と

●**どこにいて、どこに行きたいのか？**

↓6カ月日本、2カ月バリ島、2カ月パリ、2カ月各国

●**そのためにはいくら必要なのか？**

↓毎月100万円のキャッシュフロー

目標（5W1H ＋ how much）を書き出してみよう

● なぜ不動産投資なのか？

● 何を達成させたいのか？

● どういうライフスタイルを送りたいのか？

● いつまでにやり遂げたいのか？

● 誰と一緒にやりたいのか？

● どこにいて、どこに行きたいのか？

● そのためにはいくら必要なのか？

どんなコースでゴールを目指すか

さて目標を書き出したところで、どんな物件をどれくらいのペースで買い進めていくのか、その目標に到達するための大まかなコースを考えてみましょう。

①時間はかなりかかるが徒歩で行く**登山コース**↓戸建て、区分マンションを現金買い
②リスクは高いが超最短で目的地へ向かう**ロケットコース**↓一棟大型物件（ＲＣ）
③キャッシュフローを出しながら上昇していく**ヘリコプターコース**↓一棟物
④抜け道を探しながらいく**イレギュラーコース**↓借地権、再建築不可、シェアハウス
⑤そのほかのコース↓オーダーメイド

これはあくまでもイメージであって、人によって不動産投資のやり方はまったく変

わってきます。

たとえば、属性は低いが手持ちの現金が多い人なら、法人を設立して、融資に頼らず現金で小さなアパートや戸建てを買うという方法もありです。格安なファミリータイプの団地を再生して貸し出すという手法もあります。

どの投資法を選択しても間違いではありません。前の章で区分ワンルーム投資の効率の悪さを指摘しましたが、都心の立地が良く収益性の高い区分ワンルームを現金で買うことができれば、安定した運営ができ、キャッシュフローもきちんと残ります。

大事なのはどの手法を選択するにしても、キャッシュフローを重視すること。それが本書で伝えたいことです。本書では、「③」のコースで毎月100万円のキャッシュフロー獲得を狙う方法を中心に解説していきます。100万円を突破したあとは、安定飛行することができます。その後は①～⑤のどのコースを選択しても経験値でカバーできるようになっているでしょう。

毎月50万円を達成すれば、選択肢は無数に増える

では50万円を達成するまでのコースを具体的に考えていきましょう。

毎月50万円を達成するための、物件とキャッシュフローの組み合わせとしては、以下のようなパターンが考えられます。

・大型ＲＣマンション　キャッシュフロー50万円×１棟
・中型アパート　キャッシュフロー25万円×２棟
・中小型アパート　キャッシュフロー20万円×２棟＋10万円×１棟
・小型アパートもしくは戸建て　キャッシュフロー10万円×５棟
・区分所有ワンルーム　キャッシュフロー２万円×25戸

キャッシュフローの階段を登れ！

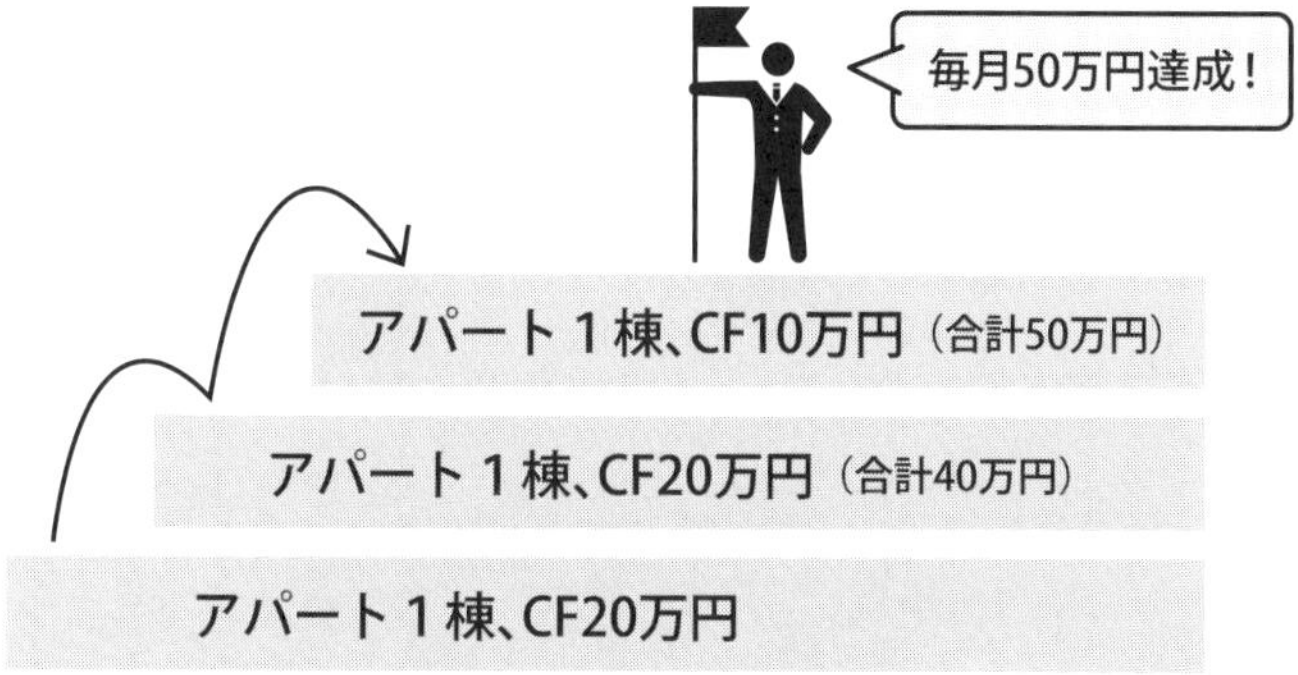

キャッシュフローの階段

同じ50万円を目指すのでも、これだけさまざまな組み合わせがあるということです。ぼんやりと「区分ワンルームに投資しようかな」で始めてしまったら、25戸も買わなければ毎月50万円を達成できません。

物件を買うまでには手間がかかります。情報収集、現地見学、融資申込、契約、リフォーム、入居者募集……といった手間と時間は、どんな規模の物件でもひと通り必要になってくるわけです。そして、３０００万円の物件であっても1億円の物件であってもその手間はほとんど変わりません。物件見学や契約時など、時には仕事を休んで対応しなければならないこともあります。本業のあるサラリーマンが、何十件もの売買をこなすことは無理があります。

ただ、ＲＣマンションは価格が高く、経験値が求められる投資なので、初心者にはあまりお勧めはできません。そこでここでのおすすめは、**２〜４棟の木造アパートを買って合計50万円を達成するコースです**。組み合わせとしては、「25万円×２」「20万円×２＋10万円」「13万円×４」などが考えられます。期間は２、３年以内での達成を目指せればお金持ちに一歩近づきます。

おおよそのコースのイメージができたら、50万円を達成できるように、本書の「袋とじ」「第４章」を確認しながら、金融機関の融資条件を把握しましょう。そして、どの金融機関を使って、どのような融資を受けて物件を買っていくかイメージします。

「今まで物件を買おうとしてきたけど買えなかった」という人は、融資のイメージを持っていなかったことが原因の一つだと思います。自分の目指すべき目標が決まり、どんな物件を買っていくかが決まり、どの金融機関でどんな融資を受けるか、融資イメージが持てれば、具体的にするべき行動がかなり絞られてきます。物件購入に向けて一歩前進することになります。

キャッシュフローがあれば切れるカードが増える

なぜ毎月50万円のキャッシュフローがあれば、１００万円まではすぐなのか。

たとえば、今、キャッシュフローがゼロのあなたが、２年後にキャッシュフロー毎月50万円の仕組みを持っていたとします。

そうなると50万円×12カ月＝６００万円が1年間で手元に残りますが、ここでは最終的には手残り５００万円と考えてみます。そして戸建購入のコースを考えてみましょう。年間５００万円があれば、融資に頼らず、戸建てを1年に1棟（戸）現金で買っていけます。

５年後には、現金で毎年購入していった5戸の不動産から毎月5万円のキャッシュフローが入ると仮定すれば年間３００万円。最終手残り２００万円のキャッシュフローと考えます。最初の５００万円と合わせて年間合計キャッシュフローが７００万円になりました。

こうなるとさらに不動産を買いやすくなります。そして驚くことに、初期に融資を受けて買った物件の借入元金も減っているのです。

さらにこの年間700万円を、2年貯めると1400万円になります。次の段階では、自己資金1400万円を入れて、3000万円のアパートを買うために融資を申し入れてみたとします。

おそらく多くの金融機関は、あなたが給与年収500万円以下だったとしても、喜んで融資してくれるでしょう。なぜならば、すでに賃貸経営者として5年以上確定申告をしてきた実績があり、5つの無担保物件を持ち、物件価格の半分を自己資金として入れられるからです。一方、自分にとっては、現金を多めに入れて新たな物件を買うことで安全率が上がり、キャッシュフローはさらに厚くなるのです！

このようにキャッシュフローや資産があると、自分の切れるカードがどんどん増えていきます。

不動産投資というと融資が必要と考えている人もいますが、毎回融資を受けなくても、現金で買い続けてキャッシュフローを積み上げることも可能です。これならば金利の変動も気になりません。こうした組み立てができるのも、最初にキャッシュフローが出る仕組みをつくったから。そのキャッシュフローがまた資産を生み、複合投資となってパワーを発揮してくれるのです。

年間500万円のキャッシュフローで現金買い戦略

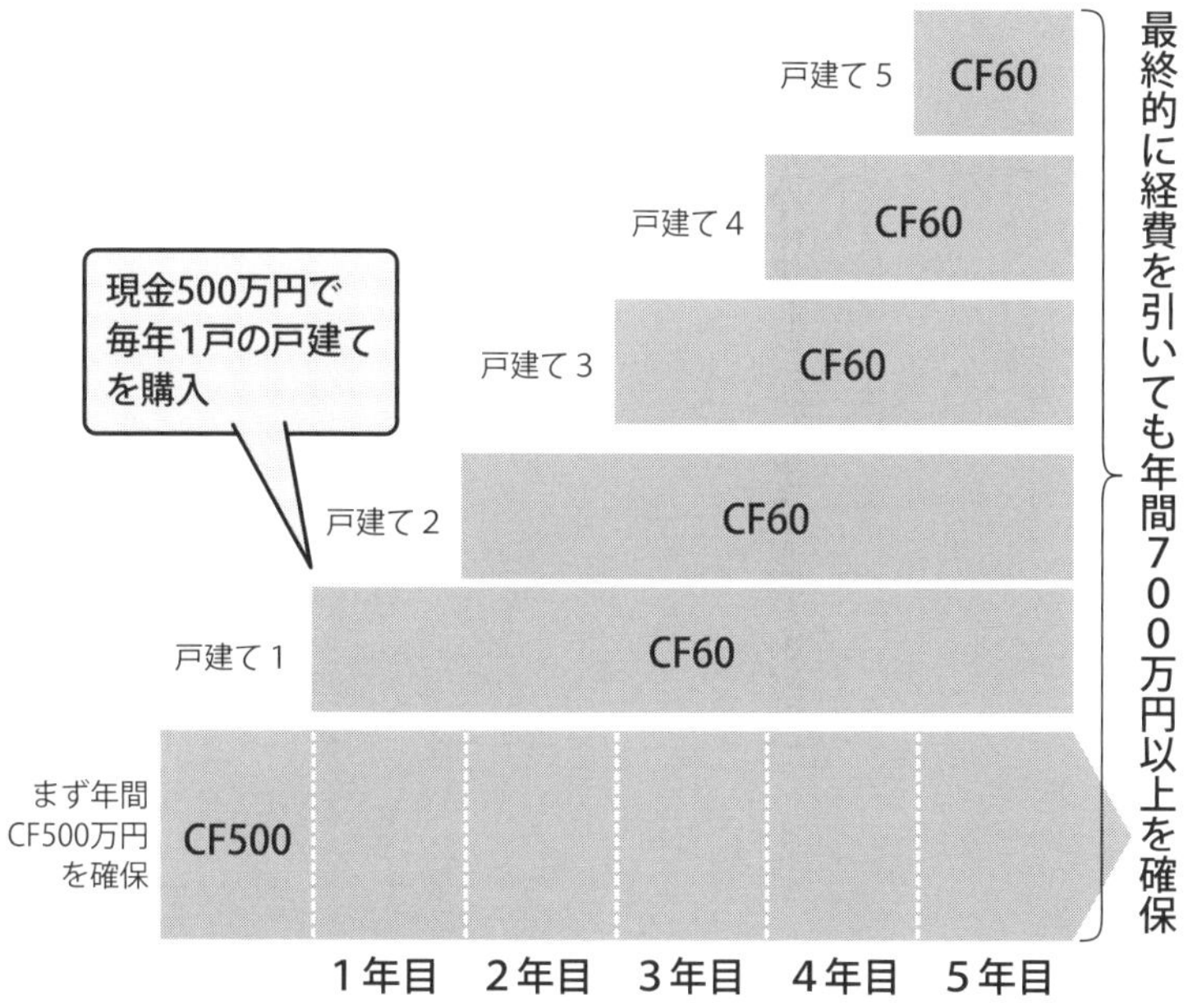

年間キャッシュフロー 500万円で

・１年目：戸建てを買う→キャッシュフロー５万円（年間60万円）
・２年目：戸建てを買う→キャッシュフロー５万円（年間60万円）
・３年目：戸建てを買う→キャッシュフロー５万円（年間60万円）
・４年目：戸建てを買う→キャッシュフロー５万円（年間60万円）
・５年目：戸建てを買う→キャッシュフロー５万円（年間60万円）

1から100より、0から1が難しい

僕が不動産投資に気づいたのが25歳の時で、初めて物件を買えたのは31歳の時でした。当時の年収は400万円強、自己資金は200万円、毎月のキャッシュフローなんて1円もありません。そして今、25歳の時に描いたキャッシュフロー数値を大幅に超えて、「お金、時間、場所」の自由を実現することができています。

買い方を間違えなければ最速でお金持ちになれる！

10年前に描いたイメージでは、「20年かけて、45歳までに毎月キャッシュフロー50万円を達成させること」でした。

しかし結局、練りに練った戦略を組み替えていくうちに、36歳で毎月キャッシュフロー１５０万円を超えることができ、目標を10年短縮したうえ、キャッシュフローは目標の３倍以上となりました。

キャッシュフローにこだわって階段を登っていったからこそ、自分不在でもお金を生むことができます。年収が低くても不動産投資で給料以上のキャッシュフローを得ることは可能なのです。

「毎月１００万円キャッシュフロー倶楽部」のメンバーには、年収３００〜４００万円の人がたくさんいます。

そしてそのなかには、毎月１００万円のキャッシュフロー超えを果たした人も多くいます。

また、年収にかかわらず

- 約４カ月で毎月35万円超えした30代男性
- ２年かからずに毎月40万円超えした50代女性
- 半年かけずに毎月65万円超えした新卒２年目の20代女性
- リストラ直前に２棟の物件を購入してすぐに毎月50万円超えした50代男性

など、やり方さえ間違えなければ、その人にとっての最速の状態でキャッシュフローを伸ばすことができるのです。

不動産投資はお金持ちでなくとも始められます。給料だけではお金はほとんど貯まらないものの、自分の分身（不動産）に協力してもらうことでキャッシュフローを作っていけるからです。給料が手取りで月15万円や20万円であっても、不動産から毎月20万円のキャッシュフローが入ってくれれば、また次の収益を生む物件を買うことができます。

山頂（目標キャッシュフロー）というゴールが見えるまではきついですが、階段を登るごとに徐々に楽になってきます。山登りとキャッシュフローの階段はとても似ています。始めるまでの0から1のたった一段が一番難しい。つまり一棟目を買うことが、一番ハードルが高いのです。だからこそ、まずは一段の階段を登るための戦略を練りましょう。

僕が年収100万円台から脱出するまでにやったこと

この章の最後に、僕が0の状態からキャッシュフローを達成するまでに、具体的にどのような行動を取ったのか、ご紹介します。

まず、「0」の時点はどこだったか振り返ってみると、超さえないフリーターをしていた時期だと思います。

インプットだけではダメだった

当時僕はいろんな仕事を掛け持ちしていました。一例を挙げると「分譲戸建て」関連の仕事です。……といっても営業マンではなく「看板持ち」。それも正社員ではなく、派遣社員。

派遣会社から「時給1000円、7時間労働、交通費なし」の仕事を割り振られ、その収入を得るために丸一日、分譲戸建ての看板を持ってパイプ椅子に座っていました。雨が振った冬の日は傘を差しながら寒さに耐えていました。

幸いにして僕が周りの看板持ちと少し違ったのは、看板を持つ時間を使って勉強していたことです。しかし……その勉強も今ではまったく読まなくなった「成功哲学」や「自己啓発」の本を読むことでした。そういった類いの精神論で、なんとか心を維持していたともいえます。

年収も100万円を切る時期がありました。そして何に使っているわけでもないのに貯金は常に100万円を切っていました。これは不動産投資家としては、ほぼゼロの状態です。

僕と同じように経済的に悲惨な状態から、最初の壁をぶちこわすにはどうすればいいのか、悩んでいる方も多くいると思います。僕が「経済的廃人から脱出する」と決め、お金持ちになる仕組みを構築するために取った行動は、

「不動産投資に一極集中した」

このひと言に尽きます。

具体的にどんなことをやったかというと……、

●**不動産投資関連の書籍・教材を読みあさる**
↓書店に出ている本やネット情報商材は大抵読破した

●**不動産投資関連の資格を取る**
↓宅地建物取引主任者、ファイナンシャルプランナー２級、損害保険上級資格者、賃貸不動産経営管理士、少額短期保険募集人資格、日商簿記３級を取得した

●**不動産関連の知識レベルを上げる**
↓不動産管理・賃貸経営の仕事に就き経験値を上げた

●**自己資金を貯める**
↓お昼は手作りおにぎりの生活、飲み会は行かない、趣味を封印

●よい不動産会社の担当を見つける

↓開拓あるのみ、ただし相手にされないことが多かった

●不動産投資ロジック（特に融資）を徹底的に組み立てる

↓融資の情報を集める

●自分の目標を決めて行動する

↓全体像を紙に書く

こうして書くとたくさんありますが、誰にでもできることばかりです。知識と自己資金200万円、これさえあればいいのです。

ただ、こうした努力は続けていたものの、結局は6年間も収益物件を買えずに結果が出せませんでした。「キャッシュフローを獲得する！」というキーワードだけはわかってきたものの、実際に不動産を買っていくための戦略、設計図が描けなかったのです。そのため、6年間も迷い、悩んでいたわけです。

そして実際にやっていたことは、ネットで収益物件を検索したり、不動産投資関連の資格を取ったり、不動産の本や情報商材を読んだりと、インプットだけ。比率でいえば90％以上がインプットでした。難しい指標の計算なんかもできて、物件を持ってもいないのに語ることだけは一人前。完全に「やった気」になっているダメ不動産投資家……いや、ただの不動産投資マニアでした。

しかし、僕が行ったインプットがすべてムダだったかというとそうではありません。不動産投資をするうえでの基盤となったことは確かです。

もしあなたがゼロからスタートする場合は、「インプット80％、アウトプット20％」の比率で、３～６カ月程度、集中して勉強することをお勧めします。

その次の段階では、インプットを20％以下にして継続しつつ、アウトプットの比率を80％以上に高めて、どんどん行動していきましょう。

やり方がわからなければ、達成した人に聞いてみるといいと思います。過去に自分と同じような境遇にいた人ならきっと適切なアドバイスをくれるでしょう。

経験を積むごとにノウハウが身につく

不動産賃貸経営は長期戦です。

不動産投資を実践していくことで、さまざまなノウハウが身についていきます。時には基本的なノウハウだけでなく、ほかの不動産投資家が知らないような、秘策を身につけられることもあります。さながら、ロールプレイングゲームで敵を倒すと新しいアイテムや魔法を身につけるように……。

不動産投資で身につけるノウハウは、パートナーによってもたらされることが多いでしょう。

左の一覧は、僕が身につけた独自のノウハウです。すでに不動産投資を実践している人が見ても、「えっ?」と驚くようなものもあると思います。

たとえば、「スルガ銀行で中古木造アパートに30年融資をつける」なんて、ある程度不動産投資を知っている人が見れば、「数年前からそれはできなくなったよ」と言うでしょう。しかし、僕に言わせればそんなことはありません。実際にできます。答えをひと言で言ってしまえば、「条件次第」ということです。
本書では一つひとつ詳しく解説するのが難しいため、項目を挙げるだけにします。

不動産投資の経験値を積むことで身につけた独自ノウハウの一例

・年収５００万円以下のサラリーマンでも不動産投資ができる方法
・オーバーローンで自己資金を抑えて収益を出す方法
・金融機関以外からリフォーム資金を金利１％で調達する方法
・賃貸併用住宅で居住エリア１／６で金利３％台、30年融資を組む方法
・日本政策金融公庫で固定20年融資をつけるスキーム
・スルガ銀行で中古木造アパートに30年融資をつけるスキーム
・信用組合や信用金庫で中古木造アパートに25年融資をつける方法
・合法的に保険をフル活用する方法
・商工中金×地方ＲＣ高利回りキャッシュフロー戦略論
・不動産会社を使わずに不動産屋より早く安く客付けする方法
など

最初の恐怖を乗り越え、まず一手を打つ

普通のサラリーマンが不動産投資に挑戦しようと考えた時、まず「学び」に走ります。そして、あまりにいろいろな手法があるので、何をしていいのかわからなくなります。わからないからまた本を読み、どんどん知識やノウハウだけが増えていきます。どれだけ学んでも、不動産投資において何をするべきかがわからず、設計図を描けないために、行動に移せないというのがよくあるパターンです。

設計図が描ければ恐怖はなくなる

さらに問題なのは、不動産投資について必要以上に恐怖を持つことです。

もしたくさんの儲けがありそうだと確信が持てれば、リスクを冒してでもやろうと

考える人は多いはず。しかし、頭の中の不動産投資ロジックで、儲けよりリスクのほうが大きいと判断してしまうため、一歩踏み出すことができなくなるわけです。どうしても無理だと思うなら、不動産投資を諦めるのも一つの手だと思います。ほかにも儲ける手段はあるわけですから。

ただ、もし本気でやるなら、恐怖に打ち勝たなければなりません。恐怖に勝つには、必ず儲かると確信できる不動産投資の設計図を描くことです。

その設計図が描けないのであれば、ノウハウを持つ仲間やメンターなどに相談する必要があるでしょう。

また、自分で設計図を描くことができたとしても、仲間やメンターを持つことは大切です。自分の設計図に彼らのスパイスを入れてみると、もしかしたら、とんでもない不動産投資法を編み出せるかもしれません。

あなたの設計図はリスクに勝てますか？　もし勝てそうな設計図を手にしたのであれば、全体的なスキルを上げながら、鍵は行動することであり、さらなる鍵は最強の不動産会社の担当者と出会うことです。

行動を起こすことで見えてくること

ある程度の知識を得たら、儲ける設計図を描いて、実際にアウトプットするために進めてみる。これがとても重要です。

そして最初の一手は、人によって違います。僕は、できることなら一棟物の収益物件をお勧めしますが、必ずしも一棟物でなければ成功しないわけではありませんし、人によってはそれが無理な場合もあります。

ただ、僕と同じような境遇の人（サラリーマン、年収５００万円以下、自己資金少額……俗にいう低属性）には、早い段階で一棟物の収益物件を獲得してほしい。なぜかというと、すでに説明した通り、ワンルーム系の小型不動産に比べて、収益力がまったく違うからです。最速でお金持ちになるには、特に大事です。

そして一棟目を買うことで、次の展開も見えてきます。

パーフェクトな不動産など存在しません。複数の物件を組み合わせて、総合的観点から自分が満足いくかたちができれば、それでいいのです。

一棟目が高収益で積算評価が低いのであれば、次は逆を！

最初がバス便になってしまったなら、次は徒歩圏の物件を！

今回シングルタイプの間取りであれば、次はファミリータイプへ！

というふうに、まずは一棟目買ってから考えることが大切です。

毎月１００万円が入る仕組みを手に入れると、多少の突発的な出費には動じなくなるように、１００戸の物件を保有したときには、一つひとつの物件のクセはまったく気にならなくなります。

しかし**最初の一つを買わないことには、次の一手は見えてきません**。

設計図は必要ですが、その時々で不動産市況も融資の状況も変わってくるのです。

まずは目の前の一手を打つことが大事なのです。

世界のどこにいてもパソコン１台あればライフワークができる「仕組み」を構築。モロッコの砂漠をラクダで進むこと１時間。そこには見た事もない夕日が昇っていた。夜は多国籍の人々とテントの中で食事会。世界を広げるにも、少しの勇気と行動を。

第4章

誰も教えてくれなかった「融資」の戦略的発想法

資産がまったくない無職、年収300万円以下でも投資できる！
銀行、ノンバンクを見極めてから、収益物件を選ぶ

自分が使える金融機関をまず確認しよう

融資を受けて物件を買おうとする際、多くの人が間違ってしまう点は、まず物件探しから始めてしまうこと。物件を選び、それを不動産会社の提携する金融機関や、自分で選んだ金融機関に持ち込んで融資を申し込むものの、断られてしまう。そんなパターンが多いといえます。

本来の順序は、まず、融資のメドを付けること。物件はその後です。

つまり、まずは自分の属性や自己資金の状況、投資のステージなどから考えて、融資を受けられるであろう金融機関に狙いを付けます。その後、その金融機関の条件に合致しそうな物件を当てていく、という順序になります。

そこでこの章では、袋とじの一覧表を確認しながら、自分が使える金融機関の条件を知っていただきます。

使えそうな金融機関がわかったら、次はその金融機関の条件（金利、借入期間、エリア、借入可能額の目安など）を把握すると、買うべき物件が見えてきます。

自分が東京に物件を欲しいと思っても、Ａ銀行が神奈川県内にしか融資をしてくれないのであれば、Ａ銀行に融資を申し込んでも買うことができません。最低限の条件を確認してから融資を申し込みに行かないと、無駄足に終わってしまいます。

ここで注意していただきたいのは、本書で紹介している融資条件は絶対ではないということです。というのも、融資は水物、一つひとつの案件に対してオーダーメイドで組み立てているケースが多く、その条件も日々変わるからです。もちろん、変わるといっても悪い方向に変わるだけでなく、いい方向に変わることもあります。

たとえば本やネット、知人の不動産投資家の口コミなどの情報が１００％正確かどうかは金融機関にしかわからないので、最終的には自分で確認することが大事です。

なおこの章で説明している金利や借入期間などの条件はすべて２０１５年1月末時点での情報になります。状況は常に変わるので、こちらについても最終的には自分で確認する必要があります。

年収（属性）別でわかる、自分に適した融資コース

巻頭の袋とじの一覧表を見て、自分の年収から、自分が融資を受けられそうな金融機関を把握してください。ちなみに「年収」とはボーナスや残業代も含めた1年間の給与収入の合計で、社会保険料や税金などを引かれる前の「総支給額」のことです。

次に次ページの図をご覧ください。それぞれの年収の人が、どのような金融機関で融資を受けて不動産を買い進めるべきか、大まかなコースを紹介したものです。

なお大前提として、「融資はオーダーメイド」「不動産投資の組み立ては人それぞれ違うが一定のパターンはある」ということを念頭に置いてください。ここに挙げただけでなく、実際には無数のパターンがあるということです。また、不動産会社に言われたから難しい、知り合いの投資家に言われたから無理だといって扉を勝手に閉じてしまうのではなく、チャレンジすることが大切です。

年収別の融資コース

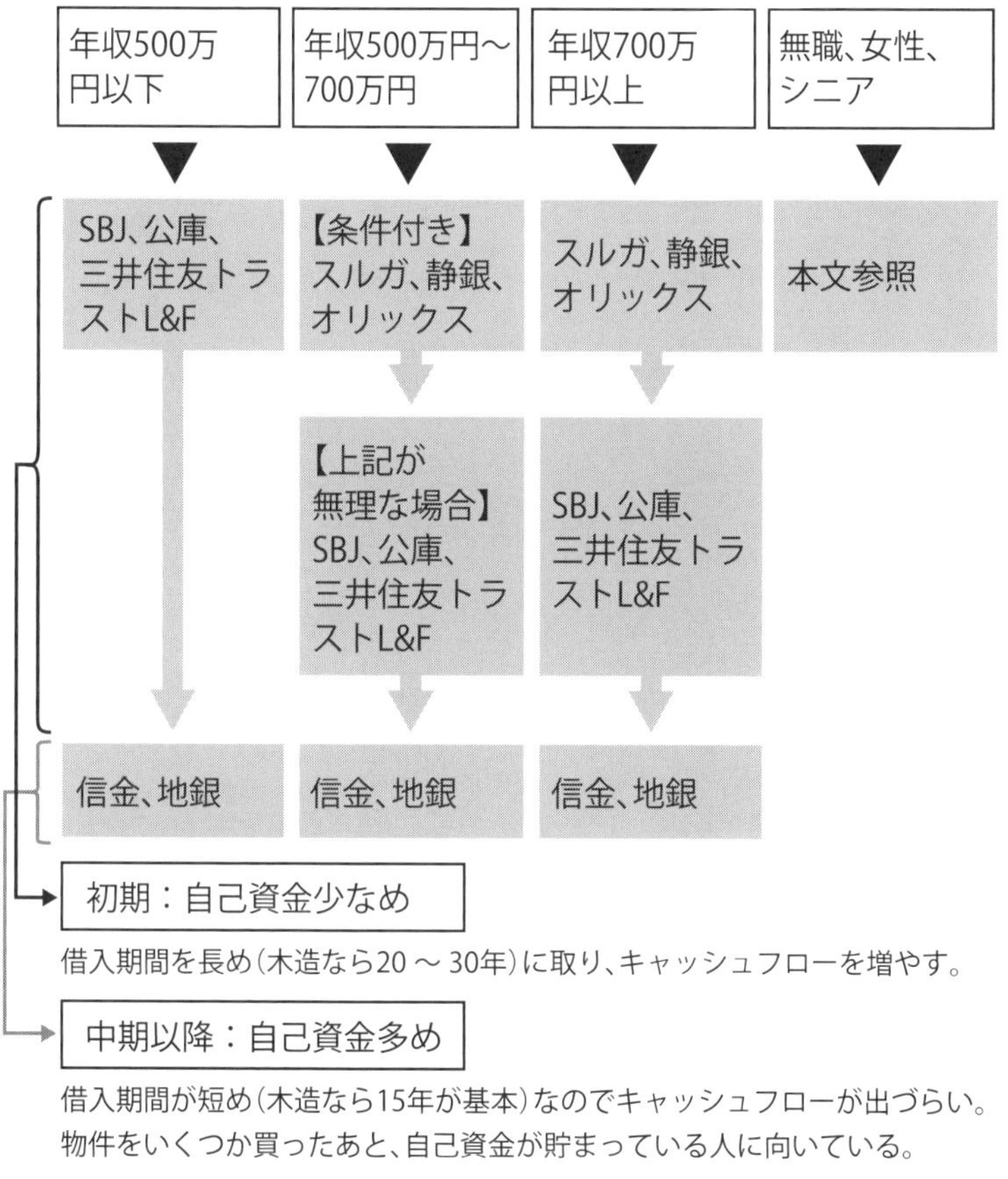

※銀行名表記＝SBJ＝SBJ銀行、公庫＝日本政策金融公庫、三井住友トラストL&F＝三井住友トラスト・ローン＆ファイナンス、スルガ＝スルガ銀行、静銀＝静岡銀行、オリックス＝オリックス銀行、信金＝信用金庫、地銀＝地方銀行

年収500万円以下コース

絶対にあきらめるな！ 年収が低くても融資は通せる！

年収の低い人でも不動産投資はできます。僕が不動産投資を始めた時のように、自己資金が200万円しかなくても大丈夫です。あきらめないことが肝心です。

年収の低い人が融資を受ける際の選択肢となるのは、ノンバンクや公庫、SBJ銀行です。それぞれの特徴を説明していきます。

三井住友トラスト・ローン&ファイナンス（三井住友トラストL&F）

ノンバンクとは、融資を専門に行う業者であり、個人や法人を対象に貸し付けを行う、貸金業者のことを指します。ノンバンクには、信販会社、クレジットカード会社、リース会社、事業者金融業者、消費者金融などがあります。

ノンバンクからの融資は、銀行と比較して金利が少し高めなのがデメリットです。

反対にメリットは、融資を受ける際の審査や手続きが、銀行と比較して早く、そして審査基準が緩いことです。またノンバンクによっては、物件の法定耐用年数を超えた融資期間を設定できるところもあり、このため築古アパートでキャッシュフローを多く出すという投資手法が使えます。

不動産投資に前向きなノンバンクである三井住友トラストＬ＆Ｆは、耐用年数超えの物件に対しても、長期で融資を受けられる金融機関の一つで僕も使っています。変動金利３・９％、団体信用生命保険付きの場合４・３％、借入期間20～30年を目安に融資を受けることができます。ただ原則として自宅や収益物件などを共同担保に入れる必要があります。

エリアは全国（支店周辺の地区）。**同金融機関は、築古木造、容積率オーバー、建ぺい率オーバー、再建築不可、借地権など、イレギュラーな物件に対しても積極的に融資してくれます**。また、個人融資、法人融資の両方に対応しています。

年収５００万円以下で自宅（残債有でも可能）もしくは小さな区分や戸建てを無担保（残債なし）で保有している場合、まずは三井住友トラストＬ＆Ｆを利用してキャッシュフローを叩き出す戦略を考えてみるのがいいでしょう。

日本政策金融公庫

公的機関である日本政策金融公庫（以下、公庫）を利用するのも一つの手です。

公庫にもいろいろな融資制度がありますが、30歳未満の若い人なら「若者起業家支援資金」を活用して、固定金利２％台、期間15～20年で融資を受けることができます。エリアは全国に対応しています。

20代の人でなくても融資を受けることは可能ですが、30歳～54歳の人が公庫を利用する場合、借入期間が15年になってしまう場合がほとんどです。借入期間が20年の場合と比べて毎月の返済額が増えるので、キャッシュフローが出づらくなります。

その場合、狙いのエリアを地方にして高利回り物件を買ったり、何か別な点を変えたりすることで、キャッシュフローを多めにする方法を考えるのがいいでしょう。

なお日本政策金融公庫でも個人融資、法人融資の両方に対応しています。

ＳＢＪ銀行

ＳＢＪ銀行は韓国の大手金融機関である新韓金融グループの日本法人で、不動産投資にも積極的に融資を行っています。

子供がいない独身、夫婦などには比較的使いやすい金融機関といえます。なぜならば、子供を支出項目としてとらえるからです。したがって年収が低く子だくさんの方には少々厳しいといえます。ただ、まったく可能性がないわけではないのでチャレンジしてみましょう。

この銀行も、法定耐用年数越えの物件に対しても融資が長く出ます。金利は変動で2・7～3・5％前後、借入期間は15～30年が目安。エリアは全国（支店周辺の地区）。個人融資、法人融資の両方に対応。

信用金庫、地方銀行

ノンバンク、公庫、SBJ銀行といった金融機関で融資を受けて収益物件を購入し、しばらく運用することでキャッシュフローを叩き出します。

そしてキャッシュフローがある程度貯まってきたところで、今度は信金、地銀で融資を受ける段階となります。信金や地銀は金利が低いというメリットがある反面、自己資金が必要になる場合が多く、また借入期間が短めになるというデメリットもあります。そのため自己資金をある程度確保してから取り組むのが適しているといえます。

年収500万円〜700万円コース

条件付きでスルガ銀行、静岡銀行、オリックス銀行が利用可能

年収500万円から700万円までの人については、最初のステップとして「条件付き」でスルガ銀行、静岡銀行、オリックス銀行が利用可能になります。それ以外は、年収700万円以上コースと同じになります。

その条件とは、「妻の収入と合算して年収700万円を超える」「担保となる物件を持っている」「上場企業、公務員など大手勤務で年齢が若く借金が少ない」などです。条件に当てはまる、あるいはギリギリ当てはまりそうというのであれば、これらの金融機関に当たってみるとよいでしょう。

スルガ銀行、静岡銀行、オリックス銀行の特徴などについては、次の【年収700万円以上コース】を参照してください。「条件付き」に当てはまらなかった場合は、【年収500万円以下コース】と同じになります。

年収700万円以上コース

自分が求めているものを再確認し、属性ではなく物件の力を優先！

スルガ銀行

スルガ銀行で融資を受けられる条件の一つが、年収700万円以上であること。

2014年後半からは年収800万円以上と徐々にハードルが高くなってきています。スルガ銀行のことをひと言でまとめると、「使い方次第」。使い方を間違えると、属性に頼った不動産投資をすることになってしまいます。つまり、属性が高ければ、物件の収益性などは関係なく、ある程度の融資を受けられてしまうということ。その結果、無謀な融資を受けてしまい、数棟買ったところで融資が打ち止めになり、借金だけが多くてキャッシュフローはあまり出ない……という失敗を多くの人がしています。やはりきちんと収益力のある物件を買うことが前提になります。

スルガ銀行は変動金利４・５％と銀行のなかでも金利は高めです。ただ融資可能総額はかなり大きいため、自己資金を抑えたい人には使いやすい金融機関です。エリアはほぼ全国対応。高い金利を考えると地方の高利回り物件との組み合わせが適しているといえます。木造への融資に制限がかかっているとの情報もありますが、自分が知る限り今でも条件を満たせば木造で融資を受けることができます。

審査の意思決定は最速の部類に入るので、準備をしておけばほかの金融機関を使っている人にスピードで負けることは少ないでしょう。

金利が高く、借入額も大きくできるので、利用する際はしっかりと収支を確認することが大切。年収が高い人なら、物件の積算評価を大幅に上回る融資を受けられます。こうなるといわゆる「債務超過」になってしまいます。

なおスルガ銀行では年収の10倍～40倍程度まで借入が可能です。スタート時のあまり自己資金がない段階で利用することが望ましい金融機関といえるでしょう。法人融資不可、個人融資のみ対応です。

静岡銀行

静岡銀行には、個人向けのアパートローン商品「ワイドローン」があります。法定耐用年数超えの木造アパートに対しても25～30年で融資が付き、金利も3～3・5％とスルガ銀行に比べてお得です。

しかし、スピード感と自己資金の点ではスルガ銀行に軍配が上がります。融資枠は1億円以内。1億円を超える場合は別枠融資になります。

土地の評価を重視しているので、ある程度の土地評価が出ないと融資は厳しいでしょう。基本は個人融資、法人融資は要相談です。

オリックス銀行

オリックス銀行は、借入対象物件の所在地が店舗から1・5時間以内のエリアに限るなど、首都圏を好む傾向にあります。築浅、新築向きの金融機関といえます。

新築であれば1％台で期間30年。中古では金利2％台前半、期間15～25年程度が基本です。年収の8倍まで借入枠があるので、この枠には要注意。個人融資・法人融資の両方に対応。スタート時に利用するのが望ましいといえます。

都市銀行

りそな銀行や三井住友銀行のような都市銀行は、属性のハードルがかなり高く、また僕の勧めるような投資法には不向きです。築古物件の保有者にはいい顔をせず、法定耐用年数内の物件を対象としています。もし将来的にメガバンクに興味がある場合は、築古物件を買い進めていくことが足かせになる可能性が大きいでしょう。

もちろん、やり方次第では可能性もあります。

金利がかなり低いこともあって、ＲＣ造の高額な物件をどんどん購入していく方法なら、物件と融資条件によってはよい投資ができます。

三井住友銀行は昨今キャンペーンを行っているので、利用したいなら随時情報収集は欠かさないようにしましょう。

金利は４年間固定０・６％、その後は変動金利となります。融資を受けられる上限は全国で５００億円まで。物件価格は５０００万円以上、借入期間は「法定耐用年数－築年数」といったイメージです。

女性起業家コース

女性は、優遇された融資が受けられる日本政策金融公庫へ！

女性なら、日本政策金融公庫の融資制度「女性起業家支援資金」を活用できます。新たに事業を始める方や事業開始後おおむね7年以内の方が対象です。

固定金利２％台、期間15年（20年になる可能性あり）で融資を受けることができます。エリアは全国に対応しているのも特徴です。また公庫は全期間固定金利なので、将来の金利上昇リスクが気になる方には最適です。

全国の女性が誰でも融資のテーブルに載ることができるので、起業をしてみたい方は、法人を設立して公庫でスタートしてもいいでしょう。ただし、公庫の状況も変化しつつあります。女性起業家支援の融資枠もいつまで存続するか不透明なため、公庫の融資枠を使いたいなら早めにチャレンジすることをお勧めします。

シニアコース

リストラ直前でも、55歳以上でも可能。年金の上乗せを！

日本政策金融公庫

55歳以上のシニアの方は、公庫の「シニア起業家支援資金」が利用できます。固定金利2％台前半、借入期間15年（20年になる可能性あり）。エリアは全国に対応。

リタイアを目前にして、「第二の人生を輝かせる！」と起業して失敗する人は多いと思います。その起業を一旦「不動産での起業」にして、まずはキャッシュフローづくりに専念してみるのはどうでしょうか。

毎月50万円や100万円のキャッシュフロー構築が完成してから事業を興せば、事業がしばらく安定しなくても不動産からの収入が生活を補ってくれます。たとえばコンビニのフランチャイズのような起業をすれば、自分が店長として働かなければならず、それでは何のためにオーナーになったのかわかりません。その点、不動産投資は所有と経営の分離ができることが大きなメリットです。

まずは不動産で第二の人生の基盤を構築することをお勧めします。夫婦2人でのゆとり生活に必要な金額は月額35・4万円といわれます（H25年度生命保険文化センター調べ）。この35・4万円を年金だけに頼るのではなく不動産投資で作ることも十分に可能です。

三井住友トラストL&F

三井住友トラストL&Fで融資を受ける際は、基本的に自宅や収益物件を共同担保として差し出す必要があります。これはまだローンの返済が済んでいない残債がある物件でも問題ありません。また空き余力がある担保を入れることにより、融資額を伸ばすことができます。リタイア直前またはリタイア組で、住宅ローンを完済した（完済に近づいている）なら、それを担保に入れて自己資金を抑えた投資が可能になります。

三井住友トラストL&Fの場合は56歳を超えると金利が高くなり、借入期間も短くなる可能性も出てきますが、このあたりは相談次第かと思います。

無職・アルバイトコース

目標を明確に！ そこに行き着くためには何が必要か考えよう！

無職やアルバイトといった「ゼロ」に近い状態の人が、不動産投資で収益を上げることはできるでしょうか？

本当にゼロのまま不動産を買うことは難しいと思いますが、その状態から這い上がり、**不動産投資のみで、セミリタイアもしくは経済的自由を、短期間で手に入れることは可能**です。

それにはまず、「原資」つまり自己資金を貯めることです。

これにはいろいろな方法があると思います。本業からの収入をベースとして、アフィリエイト、転売、アルバイトなどの副業で稼ぐ方法がまず考えられます。しかし、これらに走る人の大半が残念ながら失敗に終わります。

実際に、こういった分野で収益を伸ばせず、逆に情報商材やセミナー受講などにお金を使ってしまい、せっかくの自己資金を減らしてしまう人を何人も見てきました。

期間を決めて徹底的に貯める

自己資金を稼ぐ前にやってはいけないことは、「中途半端な稼ぎ方をすること」。下手に手を出すならやらないほうがマシです。やるなら自己資金を貯めることだけに集中して徹底的に貯めるのです。

僕が自己資金を貯めた時は、29歳から31歳までの2年間、節約のため、昼ご飯は毎日手製のおにぎりだけでした。それも公園のベンチで、集まってくる鳩の大群をかわしながらです。

自己資金を貯める一つの例をご紹介します。僕のところに相談に来たある女性が実践した方法です。

それは、「中途半端にやらず、ひたすらアルバイトに一極集中すること」です。

時給１３００円で、１日14時間労働し、６時間睡眠、ほか４時間。ひと月当たり28日出勤。このような生活を送ることで、彼女は1年間で約４００万円、３年ちょっとで1200万円の自己資金を貯めました。

こんな生活を10年続けろと言われたら、身体が持たないかもしれません。しかし、目標を明確にして、「3年間だけ頑張る」などと割り切れば、自分でも続けられるような気がしませんか？

やはり、やるか、やらないかの違いなのです。

日本は頑張れば稼げる環境にあります。海外の低所得の国と比較して恵まれた環境にいながら、中途半端な会社員や自営業、それこそ無職でノロノロしているのであれば、一気に稼いで原資を作って不動産投資をする。そういう戦略もありではないでしょうか。

低い属性でも自己資金ができれば選択肢が広がる

アルバイトなどの低い属性の人でも、ある程度のまとまった自己資金をつくることができれば、ノンバンクはもちろんのこと、地銀や信金、公庫でも融資を受けるチャンスがあります。

１０００万円から２０００万円程度の小さな価格帯の物件で、土地評価が高い物件を見つければ、たとえ属性はアルバイトであっても、ノンバンク、地銀、信金、公庫は融資審査のテーブルに載せてくれる可能性はあります。

この場合、あまり大きい物件の購入は困難になるので、小規模な築古木造アパートを買うことになりますが、地銀や信金、公庫の基準では借入期間が15年程度と短くなりがちなので、キャッシュフローを出すためにも審査を進めやすくするためにも２、３割の自己資金を投入する必要があります。ノンバンクの借入期間は25年程度と長くなるので、地銀、信金、公庫に比べて同じ自己資金投入額だとすると金利は少し高めですが、キャッシュフローが出やすい傾向にあります。

たとえば１００㎡くらいの土地に立つ木造アパートで、販売価格＝土地評価になっている１５００万程度の物件があるとします。諸経費１５０万円なら、自己資金を物件価格の20％と諸経費10％で４５０万円を投入し、残り１２００万円の融資を受ける、という組み立てで購入するやり方も考えられます。

最初の１棟目が買えたら、残っている自己資金に、新たに買った不動産からのキャッシュフローが加わって、選択肢は広がることになります。

このほかに、地方で売られている300万円以下の戸建て、都心部でも再建築不可などクセある戸建てを格安で現金購入し、リフォームして貸すという方法もあります。このような激安戸建てはそのままでも利回り20％以上を超えることもあります。

もし自己資金が1200万円あるなら、法人を設立し、そのような戸建てを現金買いの強みを利用して激安で4つ買います。これで合計毎月20万円のキャッシュフローが得られます。

それを2年間続けることで、480万円の自己資金が貯まります。法人として2年間の経営実績が作れて、自己資金がそこそこ貯まり、担保になる4つの戸建てを持っていることで、3000万円程度の融資を受けることも可能になります。

そこで次に1棟アパートを買います。このアパートから毎月20万円のキャッシュフローがあると仮定すると、すべて合わせて毎月40万円のキャッシュフローになります。

ここまで3年半から4年。さらにこれらの物件を運用して得られるキャッシュフローを投入して新たな物件を追加購入することで、スタートから5年目で毎月50万円のキャッシュフローを達成できることも夢ではありません。

自分の分身を作るために知っておくべきこと。最初の２棟のキャッシュフローですべてが決まる

不動産投資を始めた人が必ずぶつかる壁が、自己資金、融資、物件です。このうち自己資金と融資は密接な関係にあります。

一般的なサラリーマンの収入は３００〜５００万円で、その中からお金を貯めていこうと思っても、年間に貯金できる額は50万円から１５０万円程度でしょう。ちなみに僕が現役サラリーマン時代に１００万円貯めるのにかかった期間は、毎月約５万円を貯金して1年半でした。

少しでも貯金を殖やすために、株、ＦＸ、アフィリエイト、転売、ネットビジネス、アルバイト、奥さんにパートに出てもらうなど試行錯誤して、数年頑張って貯めた貴重な自己資金を、不動産のために投下することになります。

しかし、ここで買う対象を間違えると、自分の分身がつくれません。

「いい物件だから」「いい条件の融資が受けられるから」という安易な理由で買ってしまい、結果キャッシュフローが出ないということになれば、悲惨です。せっかくの自己資金を使い果たしてしまい、次の物件の自己資金を貯めるまで、また数年間かかることになります。その間、市況が変わり、融資条件が変わり、その時に自分の狙う物件を獲得できるかは不明です。

だからこそ、スタート期になるべく短期間でキャッシュフローをつくることが、不動産投資においては重要なのです。

僕は「最初の2棟」が鍵だと思っています。

キャッシュフローの出ないワンルーム（区分）は買うな

年収600万円（可処分所得480万円）で、自己資金400万円を持つ人がいるとします。あくまでも仮説ですが、この人がワンルーム2戸を買った場合と、アパート2棟を買った場合で比較してみましょう。

ケースA：ワンルーム２戸
年間キャッシュフロー20万円×２＝40万円

ケースB：アパート２棟
年間キャッシュフロー２００万円×２＝４００万円

ケースAの年間40万円程度では、自分の分身にはなりません。一方ケースBの場合、年間キャッシュフローは４００万円となり、自分の分身をつくることに成功しました。またAの場合、最初に投入した自己資金４００万円を回収するまでの期間は10年です。一方、Bは1年で回収できます。出した自己資金がどれくらいで回収できるかも、スタート期には気にするべきです。

僕が最初に買ってしまった物件はAのワンルームでした。これは自分の分身にはなりませんでした。最初の「頑張って貯めたかけがえのない自己資金」は非常に貴重です。これを、キャッシュフローの弱い物件に投資するか、強い物件に投資するか。最初の２棟が大きな分かれ道になります。

自分の分身をつくる！

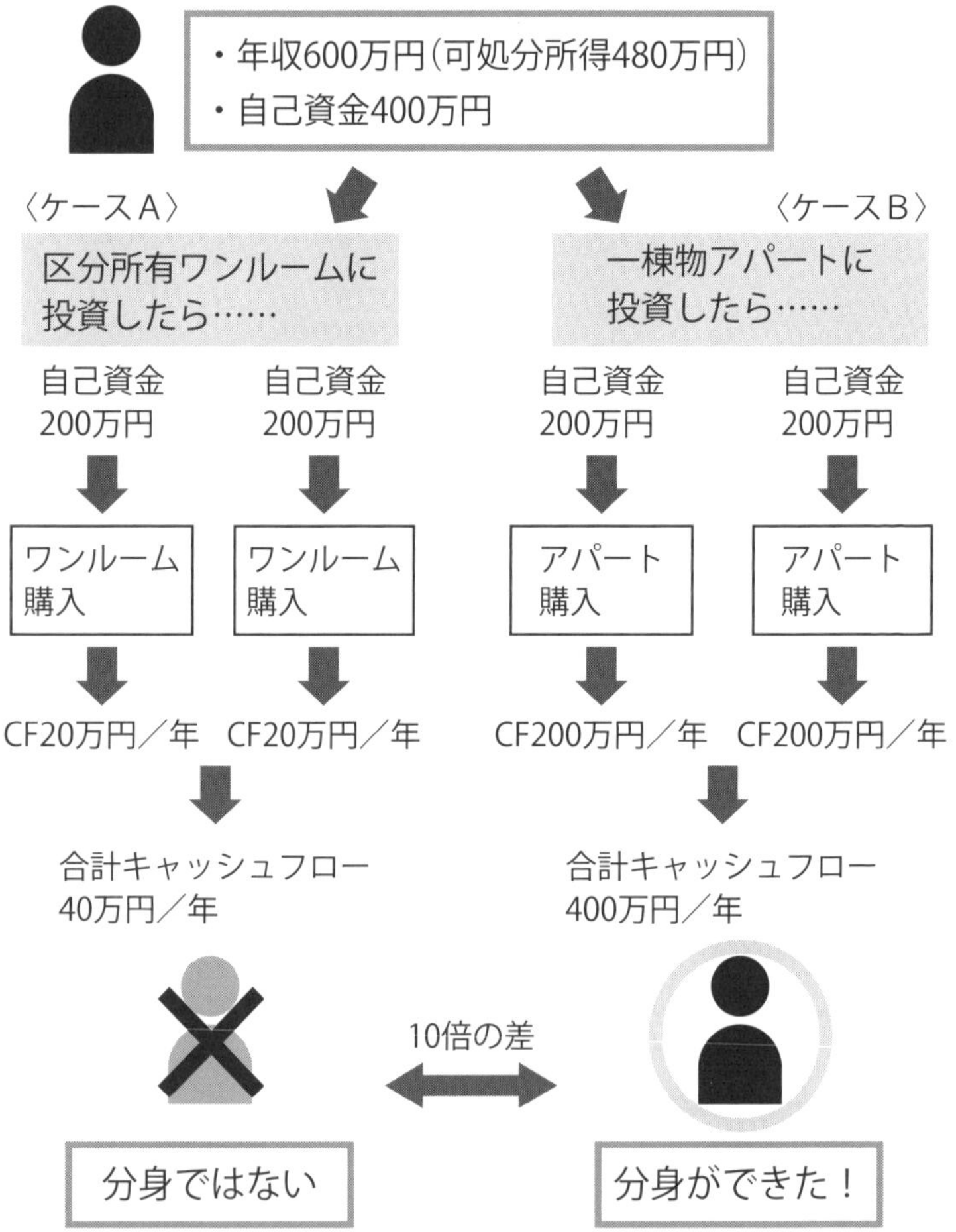

・年収600万円（可処分所得480万円）
・自己資金400万円
〈ケースA〉
区分所有ワンルームに投資したら……
自己資金200万円
自己資金200万円
ワンルーム購入
ワンルーム購入
CF20万円／年
CF20万円／年
合計キャッシュフロー40万円／年
〈ケースB〉
一棟物アパートに投資したら……
自己資金200万円
自己資金200万円
アパート購入
アパート購入
CF200万円／年
CF200万円／年
合計キャッシュフロー400万円／年
10倍の差
分身ではない
分身ができた！

自分の個人情報に傷をつけるな！クレジットヒストリーを意識しておく

融資を申し込む際に必ず渡される書類が「個人情報開示の同意書」です。

これは金融機関が加盟している個人情報機関に、申込者の個人情報を開示しますよ、という意味の書類です。個人情報機関には、主に以下の３カ所があります。

・日本信用情報機構（ＪＩＣＣ）……消費者金融系
・シー・アイ・シー（ＣＩＣ）……クレジットカード系
・全国銀行個人信用情報センター……銀行系

これらの個人情報機関には、本人の年齢や生年月日などの本人情報のほかに、クレジットカードの利用履歴、作成履歴、カードローンや住宅ローンなどローンの利用履歴などの信用情報（クレジットヒストリー、通称クレヒス）が登録されています。

融資の申し込みがあると、金融機関は申込者の個人情報を必ず確認します。以前は個人情報を見なかった日本政策金融公庫も今ではバッチリ確認しています。

その時に、たとえばクレジットカードの返済が遅れた履歴があるなど、少しでもクレヒスに傷があると、融資以前の問題になってしまいます。属性的には問題なくても、融資を断られてしまう可能性があります。


ヨーロッパ、アメリカではクレヒスの重要性は認識されており、子供の頃からその扱い方を教わるといいます。

一方、日本ではなぜか教育課程で一切このことを教えないので、一般的には、「延滞や滞納をすればブラックリストに載る」くらいしか知られていません。そのためクレヒスに安易に傷を付けてしまい、余計な履歴をつくる人がたくさんいます。

たとえば携帯やスマホの分割払いもクレヒスに登録されますが、たかが携帯料金と思い延滞してしまうと、知らない間に信用情報に傷がついてしまいます。

そしてクレジットカード会社やローン会社がクレヒスを見た時に、携帯料金もまともに払えない人にクレジットカードの発行や融資はできない、と判断してしまうのです。

クレヒスは「クレジットの履歴書」であり、さまざまな金融商品の利用履歴が載っています。不動産投資に限らず、クレジットカード、キャッシングローン、マイカーローン、住宅ローン、各種ローン等、世の中に出回るほぼすべての金融商品にかかわってきます。その利用履歴が勝手に登録されて、クレヒスができ上がっています。

その履歴に一度傷が付くと、取り戻すのに長い時間がかかります。信用を築くのには時間がかかり、信用を落とすのは一瞬なのです。

加速度的なキャッシュフロー不動産投資の鍵は「融資」が握っています。その融資の入り口で大事なのがクレヒス。このことを肝に銘じて借金や分割払いを利用してください。

なお個人情報機関に請求すればクレヒスを送ってもらうことができるので、気になる人は確認してみるといいでしょう。

毎月の高額キャッシュを生み出す ノンバンク×築古中古の組み合わせ

ノンバンクの融資条件は、信金や地銀と比べて物件に対する制限が少ないため、築古、再建築不可、借地権、容積率オーバー、建ぺい率オーバーなどの幅広い物件を対象として探すことができます。法定耐用年数を超えた物件、築古物件でも融資がつくために、高利回り物件を探すことができるわけです。

そのほかノンバンクを利用することには、以下のようなメリットがあります。

- 借入期間が20年以上と長く取れるため、キャッシュフローが出やすい
- キャッシュフローが出るため、物件を保有したときも返済が早くできる
- 低価格帯の物件を複数持つことが可能なため、リスク分散もできる
- 融資結果が早いので、競合相手にスピードで勝つことができる
- 木造やクセのある物件を狙うことで、低価格帯の物件や高利回りの物件が購入でき、

年収・属性が比較的低くても融資が下りやすい
- 低価格帯の物件ならば、借入金が少ないので、金利上昇リスクの影響が少ない
- 木造を買うので、ＲＣ造・Ｓ造に比べて運営費が格段に少なくて済む。また耐用年数を経過している築古木造であれば減価償却費が４年償却なのでその費用が大きく取れ、税務上有利
- 築古木造には建物の価値がほとんどないので、固定資産税が安く済む
- 融資エリアが主要都市なので、比較的賃貸需要がある
- 木造だから出口戦略も取りやすい（売却、建替え、リノベーション）
- 自宅の住宅ローンが完済済み、もしくは完済間近の場合、その余力を共同担保にすることで、年配の方、サラリーマンでも少額の自己資金で収益物件を購入できる
- アルバイトでも融資が可能な場合もあり、やり方次第でいろいろな戦略がとれるなどなど、有利な面が数多くあります。そして何よりも、実際に融資を受けてお金持ちへの階段をかけ上がる人たちが「毎月１００万円キャッシュフロー倶楽部」のメンバーで何人もいます。**ノンバンクは使わないと決めつけず、物件との組み合わせ次第でキャッシュフローが叩き出せる**と知っておいてください。

階段を一気に上り、ボリュームでリスクをヘッジする

日本人の多くが、銀行に支払う金利がもったいないと考えています。また、借入期間を長くすると元金がなかなか減っていかないので、これを気にする人もいます。しかし、不動産投資をするうえで大切なのはスタート段階です。金利や元金の減りを気にしてはいられません。キャッシュフロー重視であれば、極端な話、重要なのは金利ではなく、元金の減りでもなく、融資額と借入期間です。

「金利は高くとも、借入期間は長く」が鉄則

僕は規模が拡大するまでは少々金利が高く元金の減りが遅くても、必要な金額を借りて期間を延ばすことが大切だと考えています。もちろんキャッシュフローが出るこ

とが大前提です。

不動産投資において優先したいのは規模の拡大、すなわち部屋数を増やすこと。僕のように年収が低く、自己資金もない個人が、「金利が高いから」とノンバンクの利用を躊躇していては、いつまでたっても事業を拡大することができず、キャッシュフローを多くすることはできません。

まずは「融資と期間を伸ばすこと」、そしてキャッシュフローを出し、手元資金に余力を持たせることが大事です。

借入期間は短いほうが元金の減りが早いのですが、その反面毎月の返済額が多くなり、キャッシュフローを薄めてしまいます。手元に現金が薄い状態になれば、さまざまなリスクを取ることはできません。だから最初は特にキャッシュフローを重視するべきなのです。

スタート期は、「金利は高くとも、借入期間は長く」が借入戦略の基本。「金利は低く、借入期間を短く」するから資金繰りに困ることになるのです。

また、「現金買いで無借金経営のほうが財務体質はよくなり、以後お金を借りやすい」という見方をする人もいます。

それはもっともですが、一般のサラリーマンが限られた資金のなかで現金買いを継続していて無借金経営をするのでは、あまりにもキャッシュフロー拡大のスピードが遅く、短期間で人生を変えることはできません。そもそも本書では最速でお金持ちになるための方法を紹介しています。

借入金のリスクをおそれてスタート時から無借金経営を目指しても、万が一、不動産が値上がりしてしまい、当初の計画通りの不動産を購入することができなくなると、キャッシュフローを出すことが困難になります。

不動産購入の期間を長期化するということは、その期間内に起こる「見えないリスク」と戦うことになります。だからこそスピードで期間リスクをヘッジするのです。

僕は現金でノロノロ派よりも、できる限り早くレバレッジを効かせてキャッシュフローを叩き出して事業を拡大し、事業を軌道に乗せてから財務バランスを調整していくほうがいいと考えています。

速やかに規模を拡大し、「リスクの矢」をヘッジ

事業規模を速やかに拡大することが大切なのは、「リスクの矢」をヘッジするためでもあります。

リスクの矢とは、突発的な出費のことです。人間が年を取るにつれて病気になりやすくなるのと同様に、建物も、築年数がたてばたつほど修繕の必要性が増えてきて、物件のメンテナンスにお金がかかるようになります。

また修繕以外にも、空室期間の家賃の機会損失、自然災害、家賃滞納、金利上昇など、不動産賃貸業ではさまざまなリスク要因が待ち構えています。長期間保有していれば大規模修繕もやってきます。

保有物件の規模が少ない段階では、これらの突発的な出来事が矢のように突き出してきて、キャッシュフローが脅かされる事態が起こるのです。

たとえば僕が買った「物件01」の区分ワンルームでは、電気温水器がいきなり故障し、修理費に1年分のキャッシュフローが消えてしまいました。規模が小さいと、こ

ボリュームで「リスクの矢」を回避する

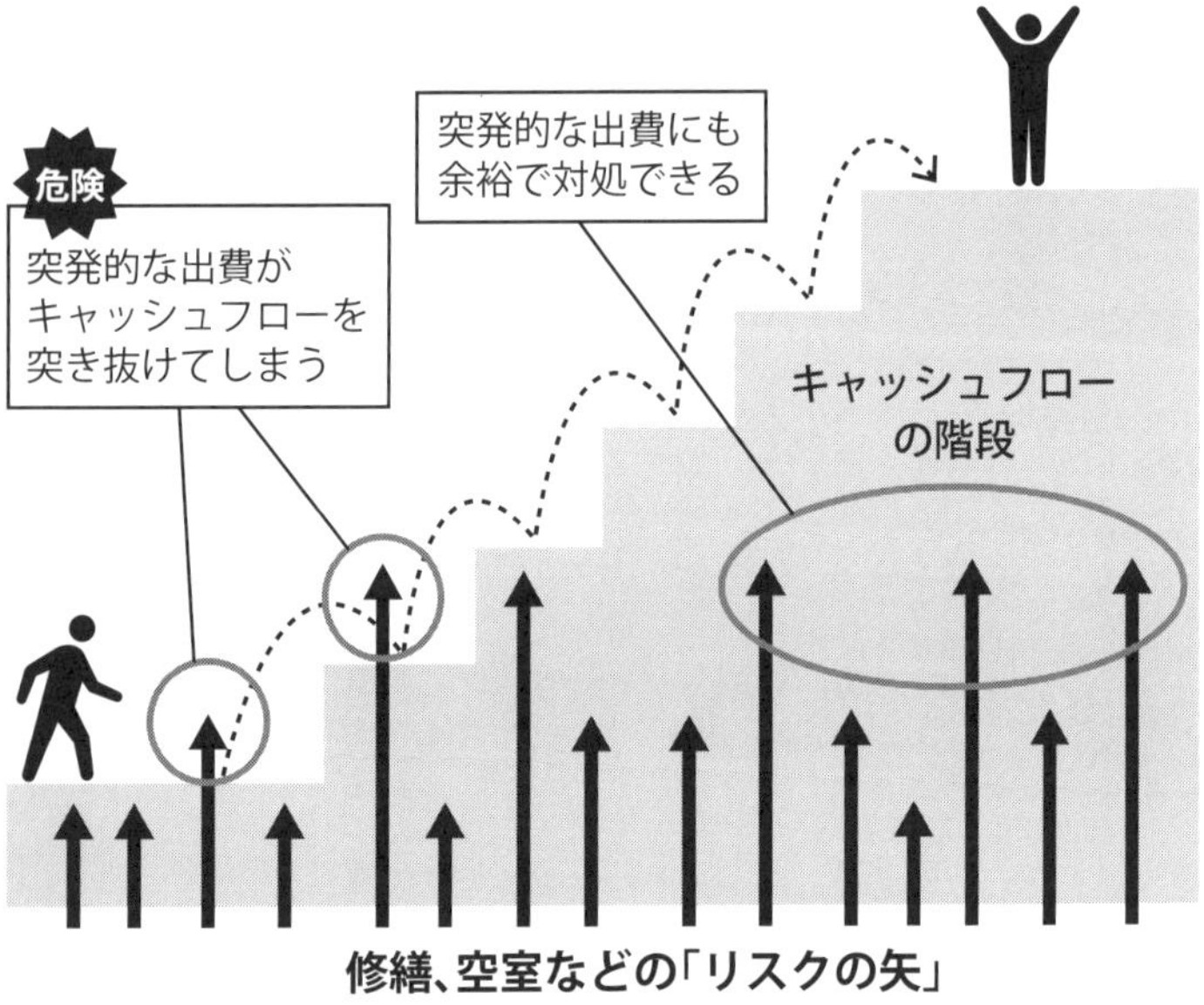

のようなことが頻繁に起こり、リスクの矢がキャッシュフローを突き抜けてしまいます。

つまり、家賃収入だけでは補いきれず、貯金や給与収入から費用を捻出する結果になり、これは経営的にも精神的にもつらい状況です。そして、それでも対処しきれなくなれば、泣く泣く物件を手放すことになります。

しかし、複数の物件を取得して、ある程度のキャッシュフローのボリュームが確保できるようになれば、ちょっとやそっとの矢に刺されても問題にならなくなります。

たとえば木造アパートの大規模修繕が２００万円かかるとします。毎月20万円のキャッシュフローがある人にとっては10カ月分の額ですが、毎月50万円のキャッシュフローがある人にとっては４カ月で相殺できる額であり、矢の影響をあまり受けなくて済むのです。

なお、もし２００万円の現金を出したくない場合は、リフォーム、修繕、設備投資という名目で、公庫、制度融資、みずほビジネス金融センター、保証協会、東日本銀行リフォームローンなどから資金調達する方法もあります。

２００万円を２・５％、10年で資金調達できた場合の毎月の返済額は１８８５４円となり、毎月50万円のキャッシュフローを達成している人であれば約２万円減するだけで済みます。物件のキャッシュフローに厚みが出れば、リスクの矢を上から押さえることができます。

売却しないのも一つの手

また、拡大時期にはよほどのことがない限り、物件を売却しないのが僕の方針です。事業の拡大途中に売り買いしてしまっては、せっかくつくった「オリジナルの仕組み」がなくなり、その仕組みをつくるために、また物件を探し、融資を付けて、購入する手間がかかります。

物件の売却で一時的に400万円の利益が出るとしても、毎月のキャッシュフローが40万円ある人にとっては、たったの10カ月分です。もし売却したのが毎月20万円のキャッシュフローが出る物件だったとしたら、合計のキャッシュフローは半額になってしまいます。そして、そこから再び仕組みを作らなければならないのです。

もちろん、どうやっても自分と相性が悪く、空室が埋まらない、対処しきれない入居者がいるなど、コスト負担や手間ばかりかかるといった場合は売却したほうがよい場合もあります。

しかし基本的には、キャッシュフローを階段状にするまでは、ひたすら迅速に拡大することに集中するべきなのです。

第5章

RC?木造?……「物件選び」の最も重要なこと

誰もが迷う物件探しの極意とは、融資が「先」、物件が「後」

RCと木造、その特徴と収益構造を知る

この章では、「物件探し、不動産会社探し、賃貸経営、管理をどうすればいいのか」について説明していきます。

不動産投資における規模の拡大の鍵は「融資」です。そしてなぜ不動産投資をするかというと、儲けるためです。収益にとって「融資」はマイナス面であり、そのマイナス面に影響を及ぼすのが建物の「構造」です。

不動産投資のターゲットとなる収益物件の構造を両極端にすると、「RC（鉄筋コンクリート造）マンション」と「木造アパート」となります。不動産投資を始めようと思ったときには、たいていこのどちらを購入すべきかで悩むことになります。僕は、初めて買うなら前述した通り「木造アパート」をお勧めしますが、まずはその違いをしっかり理解することが大切です。

RCの特徴は？

RCは木造と比べてイメージがよく客付けはしやすいのですが、利回りは比較的低くなる傾向にあります。

なぜ利回りが低いかというと、さまざまな角度からみた資産価値が高いためです。建物の構造別の再調達価格（建物を新築する場合の価格）は、木造で約16万円／㎡、鉄骨で18～19万円／㎡、RCで19～22万円／㎡となっています。RCはそもそも鉄筋とコンクリートでできていますから、木造と比べて価格も高いというわけです。

そしてRCは資産価値が高い分、固定資産税も高くなります。1億円のRCマンションなら、固定資産税は年間50～100万円かかります。

また運営費（管理手数料、共用部分の電気・水道代、受水槽点検費、エレベーター点検費、積雪除去、剪定など）もRCのほうが大幅に高くなります。大規模修繕にも多額の費用がかかります。

融資面で見ると、RCを購入した場合は借入額が大きくなりがちです。そのため金利の影響を受けやすいというデメリットがあります。

「RC」と「木造」の違い

	RC	木造
収益面のプラス要素 ●利回り	低い	高い
収益面のマイナス要素 ●借入額・返済額	高い	低い
●運営費	高い	安い
●固定資産税	高い	安い
借入期間	長い	以前は 短い 最近は ノンバンク等の利用で 長い

ＲＣの法定耐用年数は47年（木造は22年）。金融機関は「法定耐用年数－築年数」を借入期間の基本とすることが多いため、ＲＣのほうが借入期間は長めに取れる傾向にあり、これはメリットといえます。

木造の特徴は？

一方の木造は、価格が安く、利回りが比較的高い傾向にあります。

木造アパートの資産価値はＲＣに比べて低く、法定耐用年数を過ぎた物件ともなればば建物の価格はゼロになります。つまり物件価格に占める建物の割合が小さいので、必然的に土地に比重を置いた投資になります。土地は価格変動がなければ、建物のように毎年評価が下がることはありません。そのため、土地の評価がある程度出る木造を買って、ローンを毎月返済し残債が減っていくと、バランスシート（貸借対照表）がどんどん改善していきます。

そして木造は資産価値が低い分、固定資産税も安くなります。僕の持っている物件では、３０００万円ぐらいの価格に対して、固定資産税は年間10万円くらいのものもあります。

そのうえ融資面では、借入額が少ないため金利の影響を受けづらいというメリットがあります。

問題は、借入期間が短くなりがちなこと。借入期間が短いと毎月の返済額が大きくなってしまいます。その一方で減価償却費（建物の価格を毎年少しずつ費用として計上すること）が大きくなるため、減価償却を通じて短期間で投資資金を回収することができます。昔から木造が「金持ちの投資」と呼ばれているのはこのためです。

しかし昨今では、耐用年数を過ぎている築古木造に対しても、20年～30年の長期融資をする金融機関が増えてきました。ノンバンク、ＳＢＪ、静岡銀行、公庫などでもやり方次第で借入期間20年以上を実現できます。たとえば静銀の「ワイドローン」は、法定耐用年数超えの木造アパートに対しても25年程度の融資を行っています。

地方銀行や信用金庫でも実績を積めば20年融資可能な場合があります。

ＲＣでもやり方次第で安全に運営できる

木造、ＲＣどちらにもメリット、デメリットはあります。

木造は低い属性でも、初心者でもリスクを抑えてできること、再現性が高いこと、そして高利回りの物件が出やすく、さらに運営費や固定資産税が安いのが特徴。同じ条件であればＲＣよりも木造の方が利益が残りやすいため、木造に軍配が上がることが多々あります。

またＲＣは、素人にはコントロールが難しい場面が多いです。しかし、次のような物件を見つけて組み立てることができれば、キャッシュフローを出しながら安全に運営できる可能性があるので、おもしろいといえます。そして上手にＲＣを買えたときには、木造にはない破壊力を見せてくれます。

A：地方エリア×高利回り×築年数5～20年の物件

このような物件の場合、借入期間が長くとれるので、キャッシュフローを多く残せることになります。問題は地方エリアの賃貸需要の把握が難しいこと。特定の地方の賃貸需要に詳しい人であれば、チャレンジしてみるのもいいでしょう。

B：賃貸需要が読みやすい都心部×利回り10％以上×築年数15〜25年の物件×固定金利で2％以下

価格帯が1億円を軽く超えるので、初心者には手を出しづらいといえます。しかしAのパターンと異なり、都心部での賃貸経営になるため空室リスクを抑えやすい。また固定金利にできればいいのですが、実際には変動金利になることが多いので、金利変動のリスクに注意が必要です。

C：賃貸需要が読みやすい都心部×高利回り×築古×価格帯が低い物件

たとえば築40年を超えたRCがこれに当たります。固定資産税が月々2〜3万円くらいと安く、キャッシュフローが出やすいというメリットがあります。ただし、古い物件だけに修繕費のコントロールが難しいので、修繕に強い再生パートナーが必須です。

僕がRCで行っている投資法はCに該当します。A→B→Cの順に難易度が上がっていきます。

キャッシュフロー50万円超えの組み合わせを考える

本書でまず目指すのはキャッシュフロー毎月50万円に到達すること。そのためにはどんな価格帯の物件を、どんな融資を使って買えば収支が合うのでしょうか。

第４章や袋とじを読んで、自分が受けられそうな融資のイメージ（金融機関、金利、期間、エリア、借入額の目安など）を把握できたと思いますが、今度はその数字を当てはめて、物件を買った時の収支を想定してみます。

【Ａ】
物件価格５０００万円×利回り13％＝６５０万円
借入額５０００万円、金利２・５％、借入期間20年＝返済額（年額）３１７万円
固定資産税　23万円

家賃収入－返済額－固定資産税＝３１０万円（倶楽部定義キャッシュフロー）
３１０万円×80％（運営費、空室損を20％として）＝年２４８万円（月20・６万円）

【Ｂ】
物件価格３０００万円×利回り14・５％＝家賃収入（年額）４３５万円
借入額３０００万円、金利３・９％、借入期間25年＝返済額（年額）１８８万円
固定資産税　15万円
家賃収入－返済額－固定資産税＝２３２万円（倶楽部定義キャッシュフロー）
２３２万円×80％（運営費、空室損を20％として）＝年１８５万円（月15・４万円）

たとえばAのような物件なら3棟、Bのような物件なら4棟買うことで、毎月50万円超のキャッシュフローを達成できます。また、A×１棟とB×２棟の組み合わせでも50万円になります。

このように「物件価格×利回り」「借入額×金利×借入期間」をどう組み合わせれ

ば収支が合うのかをシミュレーションし、買うべき物件の条件をイメージしてみましょう。

大枠のイメージを決めたら、今度はそのイメージが合っているのかどうか確認する必要があります。金融機関や不動産会社に相談に行き、金融機関の融資基準に合っているのか、目的とするような物件を不動産会社で取り扱っているのか確認するということです。

相談する際には、できれば不動産投資の実績がある人に、金融機関の担当者を紹介してもらったほうがいいです。一見《いちげん》さんと紹介がある人では金融機関や不動産会社の対応は全然変わってきます。

そうして金融機関や不動産会社に直接話を聞くことで、自分の描いた投資のイメージを少しずつ固めていくわけです。

物件探しの極意は、融資が「先」、物件が「後」

大枠の融資イメージ、物件イメージを把握でき、先ほどのように「売価×利回り＝家賃収入」「借入額、金利、借入期間＝返済額」からなる収支を照らし合わせて、キャッシュフローが出る物件と融資の組み立てを考察する方法も身につけました。

ここからがようやく物件探しのスタートとなります。

融資イメージと物件イメージができたら、それを実現できる不動産会社を探す

ほとんどの不動産投資本では、最初のステップとして物件を探すことや融資を受けられる金融機関を探すことを勧めていますが、僕はあえて違う路線を提案します。

まずは融資イメージと物件イメージをつくり、それができたら、それを実現できる

不動産会社をつかまえる、というステップです。

儲かる不動産投資を行うためには、スタート期は特に、「融資」と「物件」の両方の組み立てをセットで扱える不動産会社を見つけたいところです。ただ、なんでもかんでもセットするだけなら誰でもできます。

大切なのは、「儲かる不動産投資のセット」を提供してもらえるか。これができる不動産会社や担当者はじつは少ないのです。10年以上動いている僕でも強い不動産会社は、両手で数えるくらいしかいません。

さらに言えば、融資に対しても得意不得意があります。たとえば、「スルガ銀行の融資は得意だけど公庫になるとまったく知らない」といった具合。こうなると、不動産会社がいくら公庫向きのよい物件を見つけても、スルガ銀行の融資付け方法しか知らないため、自分で公庫に持ち込むことになります。

初心者にとって自分で持ち込むのはハードルが高く、成功する確率を下げてしまいます。というのも、自分で持ち込んでも融資が下りない案件が、慣れた不動産会社を通して持ち込めば一発ＯＫというケースはよくあるからです。金利や期間などの条件にしても、担当者からの紹介のほうが有利になることはよくあります。

不動産会社には得意・不得意がある

したがって不動産会社の得意・不得意な融資についてもしっかり選別していく必要があります。

よくあるのが、スルガ銀行や公庫など特定の金融機関だけを薦めてくる不動産会社。それはあくまでもその会社がそれらの金融機関に強いだけであって、あなたのために本当に儲かる不動産投資を勧めているわけではありません。

特にスルガ銀行やオリックス銀行は、属性の高い人であれば比較的簡単に融資を受けられるので、それらの金融機関ばかりを取り扱っている不動産会社は多く、「スルガで利回り10％の物件なら絶対いけますよ！」「オリックスで利回り8％の新築アパートなら長期融資が組めて手間がかからず良いですよ！」などと売り込んできます。彼らの中には自分たちの手数料収入のことしかない人も存在するのです。

実際にそのようにして1棟、2棟を買えたとしても、その後に続かなくなってしまいます。

本来は3棟、4棟とマイルストーンを描いてくれる不動産会社を探したいところです。ただ、そんな優れた不動産会社はなかなかないのが現実です。融資について幅広く精通していないとできないからです。でも、そんな絵が描ける不動産会社に出会えれば、あなたのキャッシュフロー拡大にとって大きなエンジンとなってくれます。

収益物件を買い進めるのによい不動産会社とは……、

①再現性＝成功者を出しており儲かる不動産投資を知っている
②融資力＝マイルストーンが描けて資金調達の話しができる
③仕入力＝儲かる物件を持ってこられる
④信頼性＝営業マン自体が収益物件を持ち、儲かっている

これらの条件に、できれば全部、最低限でも2個以上当てはまる不動産会社、担当者に巡り会えれば先が見えてきます。

インターネットで不動産会社探し

よい不動産会社を探すには、インターネットを活用するのが王道です。次に僕が利用している不動産会社のサイトとその特徴を挙げてみました。ご存知のサイトも多いと思いますがぜひ参考にしてみてください。

収益物件の検索サイト

収益物件のポータルサイトには、たくさんの物件情報が載っています。利回りや空室状況なども載せてわかりやすくなっているところもあります。ただ、こういうサイトは多くの不動産投資家が見ているので、ライバルが多いというのも事実です。

●アットホーム投資（http://toushi-athome.jp/）

レインズに載せずに直接アットホームに載せる不動産会社もあり、ほかのサイトにないお宝物件が載っていることもある。最も注目すべきサイト。

●不動産ジャパン（http://www.fudousan.or.jp/）

不動産会社が加盟する団体が運営しているため、ほかのサイトには載っていない物件が見つかることが多い。一般消費者向けで利回りなどは表示されていないので自分で計算する必要があります。

●HOME'S不動産投資　http://toushi.homes.co.jp/

突然いい物件がアップされることもあるダークホース的存在。

●うりあぱ.com（http://www.uriapa.com/）

ほかのサイトには出ない物件が出るときがあるので、とりあえず登録しておくといいでしょう。

●楽待《らくまち》（http://www.rakumachi.jp/）

収益物件検索の大手サイト。物件登録数が約3万6000件と物件情報が多く検索もしやすい。だが、不動産投資家がみんな見ているので激戦区になり、いい物件は瞬時になくなります。

●健美家《けんびや》（http://www.kenbiya.com/）

こちらも収益物件サイトの大手。物件登録数が約2万件でサイトが見やすいのが特徴。こちらもいい物件は一瞬でなくなります。

●不動産投資連合隊（http://www.rals.co.jp/invest/）

こちらに登録していた不動産会社のおかげで一棟目を突破しました。健美家や楽待に載っていない不動産会社がありますので確認してみるといいでしょう。

地場の不動産会社

●地場の不動産会社のサイト

不動産会社が独自のサイトを開設していることもあるので、一度覗いてみるといいでしょう。ほかでは見られないような意外な物件が見つかることもあります。

●ハトマーク（https://www.hatomarksite.com/）

全国の８割の不動産会社が所属する業界団体「宅建協会」のサイト。登録業者をエリア別に探すことができます。このサイトで、自分が狙っているエリアの不動産会社一覧を表示させて、片っ端から問い合わせてみるのもいいと思います。

売買ではなく賃貸管理を専門にやっている不動産会社であっても、問い合わせてみましょう。不動産オーナーが、管理を任せている会社に売却を依頼するケースもあるからです。

●うさぎマーク（http://www.zennichi.or.jp/）

全日本不動産協会のサイト。ハトマーク同様に地場の不動産会社に問い合わせてみるのもいいと思います。

まずは問い合わせてみることが大切

さて、これらのサイトの使い方は、単に物件情報を検索するだけではありません。サイトを利用して、自分のイメージに近い物件を見つけたら、その不動産会社に必ず問い合わせてみます。

物件情報について聞くだけでなく、不動産会社の姿勢や強みについて聞き出します。「融資はどの金融機関にアレンジするのが得意ですか?」「どういうタイプの物件情報が多く入ってきますか?」などなど、電話やメールでいいのでヒアリングします。

地場の不動産会社などで収益物件にあまり詳しくなさそうであればすぐにパスして構いません。自分の物件イメージ・融資イメージに合いそうな会社を見つけたら、実際に訪問してより詳しく話を聞きます。

あらかじめ不動産会社のリストを作っておき、○△×で採点しておきましょう。反応がいい会社だからといってすぐに物件情報がもらえるわけではないので、○のついた不動産会社にはメールや電話などで時々探りを入れて、関係をつなげておきます。

業者に問い合わせるのは地道で泥臭い作業になりますが、ほかの多くの投資家がやっていないことだけに、インターネットでは絶対に見つからないような優良物件に当たることがあります。

先日もある人に「ハトマークのサイトで業者リストをつくって、全部に電話でアプローチするといいよ」とアドバイスしたところ、その人は３００社に電話して、横浜市内で高利回りのお宝物件を見つけることに成功しました。いい不動産会社、いい担当者を見つけられれば、不動産投資で成功する確率は劇的に高まります。いかに行動できるかが大切なのです。

物件情報を探すだけなら大手不動産会社のサイトもお勧め

大手不動産会社には収益物件に詳しい担当者はほとんどいません。そのため、融資のアレンジなどは望めないのですが、それらの会社のサイトにはいい物件情報が載っていることがあります。したがって、自分で金融機関に持ち込めるくらいに慣れてきた段階の人が、物件情報を検索するのに有効です。

なぜ大手不動産会社のサイトにいい情報が載っていることがあるのか。それは、これらの会社の担当者も、そこに売却を依頼する売り主も収益物件には詳しくないことが多いからです。たまたま親からアパートを相続したけれど、不動産には全然詳しくない、というような売り主が、「大手なら安心だろう」と売却を依頼したりするのです。そして、担当者も売り主もよく理解していないために、相場よりかなり安く設定された物件が載ることがあるというわけです。

僕がよく見ているのは次の4社のサイトです。

●住友不動産販売（http://www.stepon.co.jp/pro/）

再建築不可、借地権など、おもしろいアパートが載っていることが多いです。

一般向けのサイト（http://www.stepon.co.jp/）には戸建ての情報が豊富。同社では築古の戸建てをとりあえず500万円に設定して掲載し、売れないと徐々に価格を下げていくクセがあります。

●三井のリハウス（http://www.rehouse.co.jp/）

たまに値付けを間違えたお宝物件が出ることがあるので要注意。掲載されている価格から大幅な指値ができることもあります。

●東急リバブル（http://www.livable.co.jp/toushi/）
良い物件が出るとすごいお宝の場合があります。ただ、なかなか一般サイトには出ないようです。

●ピタットハウス（http://www.pitat.com/sale/f_10）
物件登録数は多くないのですが、こちらもたまに良い物件が出ることがあります。

賃貸需要の把握も大切

物件を探すときに大事なのが、賃貸需要の把握と賃料設定の確認です。いくら机上のシミュレーションで収支が合っていても、賃貸需要がなければ苦戦します。地方であれば特に賃貸需要の把握が重要です。

よくあるのが、「利回り10％」として売られている物件を買ったところ、その後で空室が出たら家賃を下げなくてはならなくなり、利回りが８％にまで下がってしまった、というケースです。入居者が昔から住んでいる人だったとか、生活保護受給者だったという理由でたまたま高い家賃を取れていただけで、実際の家賃相場とはズレがあったということです。

したがって、物件情報を確認する際に、家賃については特に念入りにチェックしましょう。

不動産会社に問い合わせる際、物件の図面などとともにもらえるレントロール（賃料の一覧表）で家賃の状況を確認できますが、これをそのまま鵜呑みにしてはいけません。現状の家賃が周辺の相場と比較してどうなのか、自分で確認することが大切です。

家賃相場を知る際に有効なのが、不動産情報サイト「ＨＯＭＥ'Ｓ」や「ハトマーク」内の「家賃相場」というコーナー。地域や物件の条件で検索しておおよその平均家賃を調べることができます。

HOME'S家賃相場

http://www.homes.co.jp/chintai/price/

ハトマーク家賃相場

http://analytics.hatomarksite.com/stat/rent/

ただし、それだけでは限られた情報しかわからないので、ミニミニやアパマンショップといった地場の賃貸管理会社に電話して直接問い合わせて、家賃相場や需要のある物件タイプ、エリアの特徴などについてもヒアリングしてください。仲介会社にとって不動産オーナーは将来の見込み客ですから、親切にアドバイスをくれます。

ヒアリングの結果、現状の家賃が高いということがわかれば、相場の家賃に直して収支計算する必要があります。反対に現状が相場よりも低かったらラッキーです。入居者の入れ替えに合わせて家賃を値上げすることができ、利回りがアップします。

不動産会社だけでなく、そのエリアに強い大家仲間に確認してみるなどさまざまな方法で賃貸需要を調査しましょう。

ハシゴの掛け違いは命取り。周囲にまどわされるな

不動産投資は投資であり事業です。借金をしてまでやる以上、儲からなければ意味がありません。あくまでも「儲かる不動産投資＝キャッシュフローを叩き出す」を徹底して追求することが大切です。

また、不動産投資を難しく考えすぎないことも大事です。シンプルに考えれば、自分の目標キャッシュフローに向かって、銀行の融資を受けて、物件を購入して、賃貸経営をしていくこと。ただそれだけです。

しかし、不動産投資を始めると多くの壁にぶち当たります。その壁のせいで、多くの人が悩んでしまい、結果「キャッシュフロー」を妥協してしまいます。

本当の目標は経済的自由を得ることであり、そのためのキャッシュフローだったはず。それなのになぜか、そこから大きくぶれてしまい、融資が付く物件、買いやすい

物件に走ってしまう人がいます。僕もそうだったのでよくわかります。

不動産会社が勧めてきた、驚きの儲からない物件

以前、知り合い（普通のサラリーマン）から不動産投資の相談を受けました。

彼が購入を検討しているという物件の資料を見ると、この物件は埼玉県の駅近にあるRCマンションで、売買価格はジャスト1億円。稼働率も高く、利回りは11％くらいのとても綺麗な建物で、普通の人ならすぐに手を挙げると思います。

彼は何の戦略もなく買おうとしていました。サラリーマン大家さんにおなじみの銀行で、金利4％台、長期融資、オーバーローンで融資が下りるとのことでした。

僕は不動産会社の出してきた収支シミュレーションを見て驚きました。**物件を買うために1億1000万円の借入をして、満室時の毎月キャッシュフローがなんと11万円しかないからです。**

さらに、資料におかしな点を見つけました。その資料ではさまざまな指標で物件を

評価していたのですが、指標の一つであるDCRに【×】マークがついているのです。

DCR（Debt Coverage Ratio＝借入金償還余裕率）は、「1年間の手残り収入が、1年間の金融機関への支払総額の何倍になるか」を計算したもので、投資の安全水準を示す指標です。一般的には1・3以上が安全水準とされますが、できれば2以上は確保したいところ。この物件は1・3を下回っているため、【×】になっています。

そんな物件を不動産投資会社は売ろうとしているのです。そしてほかの指標にしても、全部【○】ではありましたが、どれも平均を少し超えた程度……。

僕から言わせると、この資料で【○】になっていたものは、あくまでも平均水準をクリアしている程度であり、それで本当に安全かといわれれば違います。「心地よく耐える」とか「儲かる」の水準に達するには、もう少し余裕のある数値じゃないといけない。しかし、不動産投資会社が上げてくる数値に【○】がついていれば、普通の人は、「○が多いから、いい物件なのかな」と騙されてしまうでしょう。

しかもこの物件の毎月11万円キャッシュフローは、満室時の家賃からローン、運営費15％、固定資産税を差し引いた残りの額です。

この物件の一部屋当たりの家賃は6万円なので、2部屋空室になれば持ち出しになります。また空室リスクだけでなく、金利上昇リスク、賃料下落リスク、災害リスク、大規模修繕積立金、税金なども待ち構えています。

買ったあとにほかの金融機関で借り換えできるか検討したのですが、物件の力が弱く、可能性が低いと判断しました。借り換えするにはそれだけの力がある物件を仕込む必要があります。借り換えを念頭に置いて買ったとしても、その後、金融機関の財布のヒモがきつく締まってしまったら、当初の予定は絵に描いた餅で終わります。

僕は、もう一度よく考えるよう彼に伝えました。

商売の鉄則、仕入れとキャッシュフロー

家賃収入の大きさや借金の大きさが、そのままキャッシュフローになるという思い込みは間違っています。

あくまで最低限の借金で、最大限のキャッシュフローを目指すことを、僕は常に意識しています。

妥協すれば不動産はいくらでも買えます。その妥協した物件を買ったその値段が、あなたが決めた「仕入れ値」です。

商売の鉄則は「仕入れ」。僕もそうでしたが普通のサラリーマンは会社のお金でビジネスを行っているため、どうしても会社に依存しています。そして商売の鉄則が身体に染み付いていないため、無意識に妥協してしまうのです。

物件探しをしていると、「利回り10%を超える物件なんて、今はないよ」「こんなにいい物件、すぐ売れちゃいますよ」などと、不動産会社や仲間に言われることがあります。そんな意見を聞くと、つい妥協しそうになりますね。

しかし、妥協して買ったところで、キャッシュフローが出なければ、いつまでたっても目標にたどり着くことはできません。

もし妥協しそうになったら、周囲の意見に振り回されずにもう一度考えてみてください。「自分はなぜ不動産投資をするのか？」と。

不動産投資は高額ゆえに、目標地点に行くハシゴの掛け違えは許されないのです。

「高すぎる家賃」「安すぎる家賃」の入居者は問題が多い!?

現役サラリーマン時代、不動産管理会社で約1万戸を管理していた経験から、「高すぎる家賃」と「安すぎる家賃」の部屋の入居者は、問題を起こす人が多い傾向にあると感じています。高すぎる家賃とは15万円以上、安すぎる家賃とは3万円以下。

高すぎる家賃の部屋に住むのは、当然ながら高い収入を得ている人で、「繊細、敏感で、些細なことにクレームを出す人が多い」傾向にあります。

逆に安すぎる家賃の部屋に住むのは収入が低い人で、その多くが、「鈍感で周囲を気にしないため、家賃滞納、近隣トラブルを起こすことが多い」傾向にあります。

それらの中間に当たる3万円から14万円程度の物件では、普通の入居者が多く、極端なトラブルになるケースは少なかったという印象を持っています。もちろん、どの価格帯でもクレームを多く出す人はいますが、割合的には「高すぎる家賃」と「安すぎる家賃」の入居者が問題を起こす確率が高いようです。

そこで、不動産賃貸業において狙いたいのは中間層です。中間層のなかでも特に需要があるのは、年収が200～500万円のゾーンです。

国税庁の「平成25年分　民間給与実態統計調査」（次ページ図）を見てもわかる通り、年収200～500万円台がかなりの割合を占めています。さらにそのなかでも、男性300万円台、女性100万円台が最も多いゾーンになります。この付近がターゲットの目安と考えられます。

年収の80％を可処分所得として、消費者の節約傾向を考慮すると、低く見積もって可処分所得の20％が借り主にとっての「心地よい家賃水準」として考えてみます。

- 年収200万円（可処分所得160万円）の人→家賃2・6万円（年間32万円）
- 年収300万円（可処分所得240万円）の人→家賃4万円（年間48万円）
- 年収400万円（可処分所得320万円）の人→家賃5・3万円（年間64万円）
- 年収500万円（可処分所得400万円）の人→家賃6・6万円（年間80万円）

給与階級別給与所得者数・構成比

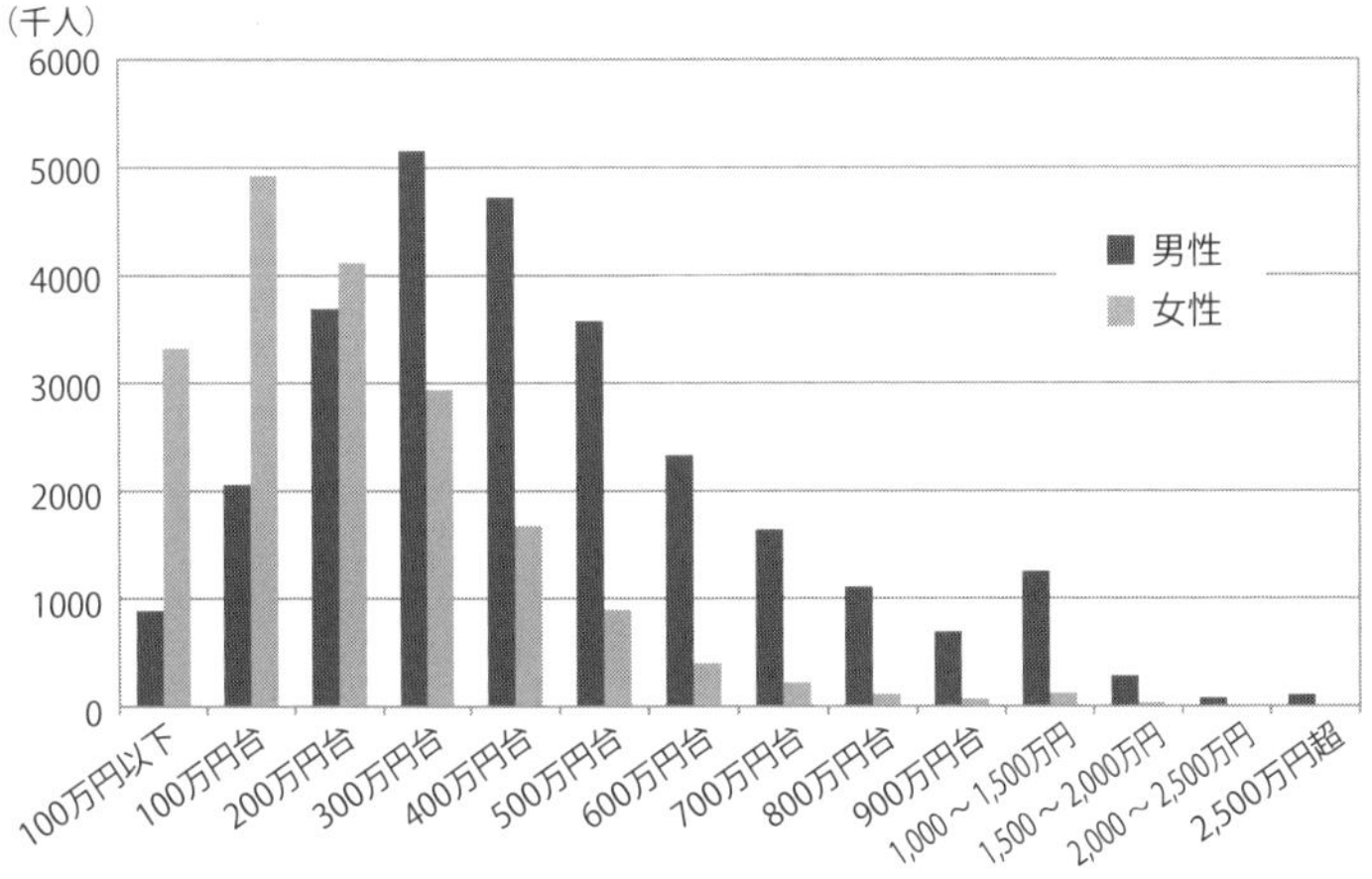

出典：国税庁「平成25年分　民間給与実態統計調査」

月２・６～６・６万円。このあたりの賃料が賃貸経営としてキャパが広く、バランスが保ちやすい水準と考えています。僕の保有している物件はほぼ90％このラインに入っています。これ以下の「安すぎる家賃」や、これを上回る「高すぎる家賃」の物件に手を出す際は、要注意というわけです。

このように自分なりの基準を持っておくと、いざ物件が出た時に迷うことが少なくなります。自分が納得している理論があるので、即座に「買いの姿勢」に入ることができるのです。

賃貸経営の一連の流れを把握しておこう

管理会社がすべてやってくれるから自分は何もしなくてもいい、という時代ではなくなり、これからの大家さんには、「賃貸経営において的確な決断のできる手腕」が求められています。

不動産投資は管理会社に賃貸経営を任せられるので、「所有と経営の分離」ができる事業ではありますが、決して所有者である大家さんが知識不足ではいけません。特にサラリーマン大家さんは、賃貸営業マンがどんな集客をしてどういうことをやっているか、一連の流れを把握しておく必要があります。

「話のわかる」大家さんになれば、管理会社への依頼もスムーズになり、よきパートナーとして長期的な関係を構築できます。また、「決断の早さ」も重要です。営業マンはどの業界でも同じですが、日々数字に追われています。ただでさえ忙しいのに、大家さんのせいで仕事が停滞することがあります。

たとえば、ちょっとした修繕が発生したとき。営業マンは大家さんに修繕を依頼します。そこで、すぐにリフォーム会社を手配するか、管理会社に任せてくれればいいのに、何が何でも数社から相見積もりを取ろうとする大家さんがいます。

そうなると、複数の業者が入れ替わり立ち替わり下見に来て、修繕がなかなか始まりません。これは営業マンにとっても入居者にとっても大迷惑。

賃貸営業マンは「この大家をまともに相手にするのはやめよう」と思うでしょうし、入居者は「いったいいつになったら修繕してくれるんだ」と不信感を抱きます。

このように自身の知識不足のために、指示・依頼・決断が遅くて、管理会社に迷惑をかける大家さんが最近増えています。反対に、さまざまなトラブルに見舞われたり、騙されたりする大家さんも多いです。

管理会社は不動産資産運営においては「よきパートナー」。大家さんはその点に注意して賃貸事業をしてほしいと思います。

パートナー、ITの活用で時間と場所から自由に

僕は会社を退職してすぐに長い旅に出ましたが、この旅の最中にも管理会社からメールが入り、空室があった3戸の契約を済ませることができました。

空室があっても安心して海外の旅に行けたのは、優良な管理会社がいたからこそ。また管理会社以外からのサポートが必要となるシーンも多数あり、僕は仲間との協力により、それらを回避してきました。

現在もさらに上を目指し、「所有と経営の分離」を一つのポリシーとしながら、一点集中で不動産購入や賃貸経営のチーム構築を目指しています。

「仕組み化に向けた行動を取ること」。それが所有と経営を分離した状態となり、安定した自動操縦型の賃貸経営につながると思っています。

仕組み化できていないと、「管理会社に手土産を持って行かなければ空室が埋まら

ない」「担当者にご馳走しなければ空室が埋まらない」という状態になり、いつも自分が全力で動かなければなりません。

自分の自由な時間をつくるためには、管理会社やリフォーム会社、税理士など、周囲との信頼関係が非常に重要になるのです。

僕が管理会社との関係において大切にしているポイントは、次の３つ。

①インターネットをフル活用している管理会社と
②すべてお任せできるくらいの信頼関係を築き
③自分は賃貸経営管理の知識を増やして即座意思決定できるようにする

そして、同じ質であれば管理手数料も意識するべきです。管理手数料は一般的に５％としている管理会社が多いですが、３％でやってくれるところもあります。

３％と５％では、運営期間が長くなればなるほど、莫大な差が生まれます。この手数料を下げることで、キャッシュフローを上げることができるのです。

▼管理手数料3%と5%の比較（10年）

ア：家賃収入300万円×3%＝9万円

9万円×12カ月×10年＝1080万円

イ：家賃収入300万円×5%＝15万円

15万円×12カ月×10年＝1800万円

⇓720万円の差

▼管理手数料3%と5%の比較（20年）

ア：家賃収入300万円×3%＝9万円

9万円×12カ月×20年＝2160万円

イ：家賃収入300万円×5%＝15万円

15万円×12カ月×20年＝3600万円

⇓1440万円の差

ＩＴを使いこなし、場所の制約から解放される

さらに時間、場所を問わない自由な不動産投資家になるためには、パソコンやスマートフォンが必須です。

今僕がお願いしている横浜のランドマークタワー内にある中村税理士事務所では、クラウド会計を採用しています。たとえば物件ごとの月次の収支状況など、作成した会計情報がクラウド上に随時アップされるので、いつ、どこにいてもパソコン１台あれば、自分の最新の収支状況を確認できてしまいます。

また、自分のパソコン内にある保有物件の情報、写真、請求書などの資料については、シュガーシンク（http://www.sugarsync.jp/）というクラウドシステムに、１００ＧＢ、年間１万円の有料プランを利用してすべて保存しています。

パソコンにあるフォルダを指定するだけで自動的に同期されるので、手間なく安全に情報のバックアップを取ることができ、ほかのパソコンやｉＰｈｏｎｅから自分の資料を見ることも可能です。万が一、ｉＰｈｏｎｅなどを旅先で紛失しても機器を購入後、シュガーシンクを共有化すれば、データをすぐに見ることができます。

自分がアラビア半島の死海で浮遊体験をしている間にも不動産という仕組みが稼いでくれる。それによって生み出される自分の貴重な時間。それを何に使うか、その目的こそ生き方や人生観が現れてくる。お金を体験に！　そして人生を楽しもう。

第6章

ここだけは気をつけろ！
不動産投資でやりがちな失敗

不動産業者のカモにだけはなるな！
どの本にも書いていない禁断の裏話

相談者に多い失敗例❶

S銀行×RC×オーバーローンの恐さ

不動産投資に悩む方や初心者の方を対象に行っている個別相談の中から、特に多い失敗事例を採り上げてみました。

初心者が陥りがちな失敗例を知っておけば、迷ったときに間違った選択肢を選ばないで済むはずです。

キャッシュフローは残らず。金利上昇におびえる日々

大手企業勤務で高いポジションに付いている40代男性は、リタイアすることを目標に、その属性をフル活用し、レバレッジを最高に効かせたオーバーローン型最速RC投資法で収益物件を購入しました。

しかし、巷《ちまた》の本や情報商材に書いてある夢物語をそのまま実行したため、男性が買ったのは、積算評価だけは出るものの収益性が非常に低い、利回り10％以下のＲＣ物件。彼は、大きい物件さえ買えればキャッシュフローが手に入り、リタイアできると信じて疑いませんでした（僕も最初はそうでした）。

ところが買ったと同時に、黙っていても翌月から、ローン返済、運営費が必要になってきます。また、固定資産税の支払いは、予想をはるかに上回る金額でした。

さらにその数カ月後、不動産会社の担当には聞かされていなかった不動産取得税が追い討ちをかけるように数百万円単位で襲ってきたのです。

運営をスタートしてから見えてくる費用もありました。高い空室率からくる空室損、原状回復にかかる費用、不動産会社に支払う手数料、大規模修繕に備える費用、消防点検費、エレベーター費、水道・電気関係の費用、清掃費、管理手数料、受水槽点検費、諸々。

そんな彼は今、30年ローンで借りたためなんとか成り立っているキャッシュフローで、綱渡りの賃貸経営をしています。

長期借入金なので元金の減りはかなり遅く、毎月の手残りは思ったよりもわずか。これではリタイアするどころか、賃貸経営のためにお金を残しておかないとまずいという状況です。

彼はリタイアを目指していましたが、それもかなわず、数億円の借金を抱えながら、いつ金利が上昇してキャッシュアウトになるのか、おびえる毎日を送っています。

収益性の低いRCを買えばしんどいだけ

上手にコントロールできればRCはパワーがあります。しかし、下手な買い方をすれば大変なだけ。そして大概の人がババを引いてしまっている。

一般的なRC物件の収支をシミュレーションしてみましょう。

物件価格1億円と諸経費約800万円を、変動金利4・5%、融資期間25年で借り、年間家賃収入は1000万円あるとします。年間返済額は約720万円。固定資産税が仮に70万円として、管理手数料は5%で50万円。ここまでを計算してみます。

年間家賃収入１０００万円－年間返済額７２０万円－固定資産税70万円－管理手数料50万円＝年間手残り１６０万円（月間約13万円）

常に満室で家賃下落がない場合でも、年間１６０万円、月間13万円強しか残りません。ここからさらに広告料、修繕費、退去時の原状回復、大規模修繕、金利上昇リスク、空室リスクなどを差し引くと……。そんな状態が25年間、恐くて仕方がありません。

しかし、こういう物件を不動産屋から提案を受けてオーバーローンで買ってしまう人が後を絶たないのです。そして、気づいた時にはもう遅いという状態になります。

ちなみにサラリーマン大家さんにお馴染みのS銀行は、他の銀行に比べて評価が緩いので、融資が下りやすく、スピード感があり、買いやすいのがメリット。しかし、買い方を間違えると大変なことになります。どういう物件ならS銀行と相性がいいのか、考えて使うべきでしょう。このＲＣを買うことで、諸経費だけで約８００万円のお金が他人の懐に移動しています。これでは他人を儲けさせているだけ。こんなＲＣを買うくらいなら、僕なら戸建てを買うことをお勧めします。

相談者に多い失敗例❷

定年後の豊かな生活が夢と消えたワンルーム投資

定年を迎えた50代の男性は、年金だけでは老後が心配だと考えました。そこで、頑張って貯めたお金と退職金を合わせた1500万円の現金で不動産投資をしようと、ワンルーム専門の不動産投資会社のセミナーに足を運びました。

セミナーでは、賃貸需要が安定している都心で、最初は小規模な物件から始めたほうがいいと説明され、表面利回り8%、価格1500万円の都心ワンルームを紹介されました。そこで手持ちの資金をすべて使って購入。

毎月の家賃は10万円で、そこから管理費・修繕積立金2万円、固定資産税5千円、管理手数料5%=5千円を引いて、最終的な手残りは7万円。

定年後の生活費になると期待して買った都心部ワンルームからの収入は、年間80万円強しかありません。さらにこれからずっと満室経営できたとしても、家賃は下落を考えると自己資金の1500万円を回収するまでにはおおよそ20年かかる計算です。最初の投資で自己資金を使い果たしたため、次の物件を購入することも困難になり、目標だった豊かなリタイア生活は遠くなりました。なぜこうなったのだろう？　悩む日々を彼は送っています。

こんな失敗は若い人でもよくあります。年収500万円の30代の女性は、将来のためにと貯蓄していた現金300万円を自己資金に、不動産投資を始めることに。たまたま先輩に、都心一等地のワンルームマンションを買った人がいたので相談すると、「これからは2000万円クラスのワンルームの時代だ」と言われました。

手軽に始められて、名の通ったエリアにマンションが持てることに彼女はワクワクしました。T銀行で融資を申し込むと、フルローン2000万円、金利1・8%、35年融資が出るということで、自己資金のうち半分の150万円を諸経費として入れて、残りの物件価格2000万円分の融資を受けて購入。

利回り7%なので、毎月の家賃は11・6万円。そこから返済額は6・4万円、管理費・修繕積立金2万円、固定資産税6000円、管理手数料5%で5800円を引くと、毎月のキャッシュフローは約2万円。これでいったい何をするのでしょうか……。

相談者に多い失敗例③

不動産投資の目的を見失ったカモネギになってしまう

この本を見ているということは、少なくとも不動産投資で何かを達成させたいと考えている人なのだと思います。あなたは今、不動産投資で何を目指しているのでしょうか。

不動産投資を始めると通称「カモネギ・マジック」にはまる

大の大人が不動産会社のアドバイスを簡単に鵜呑みにして、いつの間にか、意図していたものとはまったく違う物件を買ってしまうケースがよくあります。

足し算、引き算程度で簡単に算出できる収支計算も、なぜだか不動産投資に限っては、必要以上に難しく考えてしまい、本質を見失ってしまうようです。

そして、ファンドが使っているような小難しい投資指標をやたらと使うようになったり、減価償却が、デットクロスが……とシミュレーションばかりにとらわれたりして、「商売の本質」や「自分がなぜ不動産投資に踏み切ったのか」を忘れてしまう。そんな人が本当に多いです。

積算重視、キャッシュフロー重視、地方高利回り、都心部再生物件、再建築不可リノベ手法、借地権投資法、オーバーローン、金融機関開拓、築古木造、新築アパート、RC最速拡大路線、ワンルーム投資、戸建て投資、シェアハウス投資、レンタルルーム投資、コンテナ投資、賃貸併用住宅、住宅ローン、転売投資法、現金買い、海外不動産投資、太陽光発電、米軍賃貸などなど……手法・スタイルはいろいろあります。

しかし、本当の目的は何でしょうか。

人それぞれですが、最も多くの人が目的としているのが「自分の時間やお金を自由自在にコントロールできる状態になること」。いわばキャッシュフロー重視のライフスタイルです。

南の島へ行きたい時に行き、ビーチチェアでくつろぎたいだけくつろぐ。そして、南の島に行っている間でも、あなたの口座へ家賃が毎月振り込まれる。そんな生活を理想としている人もいると思います。

現実にうまくキャッシュフローの仕組みを構築すれば、そのような生活をすることはできます。

不動産投資はそのひとつのツール、「キャッシュマシン」に過ぎません。それはわかっているのに、大概の人が途中でそれを見失ってしまうのです。キャッシュフローが出ない不動産なんて、僕から言わせればただの物体に過ぎません。**いくら資産価値があったとしてもその辺に転がっている石と一緒です。**

本当の目的を見失えば、アーリーリタイアはない

「本当の目的を見失ってはいけない」

僕は不動産投資をする時に、この言葉を何度も自分に言い聞かせています。あなたもカモネギにならないように、自分の人生を選択できる人間になるために、行動力と羅針盤を持つようにしましょう。

重要なマインドセットなので何度もお伝えしますが、当初の自分物語を見失っては

いけないのです。

いろいろな情報に振り回されているうちに目的を見失ってしまった人が、カモネギになります。不動産投資でカモネギになれば、海外のお土産屋でぼったくりに遭うのとはケタが違うダメージを受けます。

不動産は金額が大きいですから、失敗すれば恐ろしい単位で損をするということです。人生がひっくり返るかもしれません。カモネギにならないよう、細心の注意が必要です。

そして、せっかく収益物件を持つなら、キャッシュアウトにびくびくした生活や、自分の時間が妨げられるような賃貸経営は避けたいところです。

上手に収益物件を購入できれば、自分がどこにいようと、寝ていようと、旅人になったとしても、銀行口座には毎月数万円、数十万円、数百万円の家賃が入ってきます。そこから支出が少なければ少ないほど、お金が残ります。

儲かる不動産投資をしましょう！

インディ・ジョーンズで一躍有名になったヨルダンにある遺跡「エル・カズネ（宝物殿）」約１時間かけて山頂へ。最初は苦しかったが、山頂に近づく程に楽になった。不動産投資と山登りは似ている。苦しい時にどう行動できるかで人生も変わる。

第7章

夢をかなえた仲間たちのサクセスストーリー

不動産投資を始めてから出会った倶楽部の仲間。
みんな、アーリーリタイアをして自分の夢をかなえた

仕組みの世界で成功するために、仲間を集めてパーティーを作ろう

僕や「毎月100万円キャッシュフロー倶楽部」のメンバーは、不動産世界の勇者（主人公）。ゴールは毎月100万円キャッシュフローの達成というゲームをクリアすること。高額商品が動くこの世界で、毎月100万円キャッシュフローの達成は、一人では到底たどり着くことができません。

このゴールを目指してゲームをスタートした25歳の時、僕はまだ「労働の世界」にいました。働いても働いても一向に終わりが見えないこの世界から、どうにかして脱出したいと考えていましたが、その方法はなかなか見つからず、砂漠のなかで鍵を探しているかのように彷徨《さまよ》っていました。

しかしある時、労働の世界の向こう側にある「お金持ちになる秘伝の書（不動産投資本）」を手に入れてしまった。そこには労働の世界から切り離された「働かなくて

もお金が貯まる仕組みの世界」が存在していたのです。

そしてある時、僕は年配の賢者（不動産会社の社長）と出会いました。この人物が鍵となり、初めて「仕組みの世界」へ足を踏み入れることができたのです。

そしてこの間、それぞれの分野で特技を持った仲間と一緒に、同じ目的地を目指して旅をすることで経験値が上がり強くなっていきます。言うなれば『ドラゴンクエスト』などのＲＰＧ（ロール・プレイング・ゲーム）の感覚です。

たとえば、自分が勇者（不動産投資家）なら、賢者は不動産会社、戦士は金融機関、僧侶はリフォーム屋、航海士は管理会社、魔法使いは保険屋、商人は税理士など……。そんな仲間とパーティーを組むことで、結果として成功へと導かれます。

したがって、いかに強く、バランスあるパーティーを組めるかが大切。それを選択するのは勇者であるあなた自身、僕自身です。僕は、パーティーを組むなら、「不動産投資とライフスタイル」を一緒に充実させられる仲間を集め、限られた人生を楽しみたいと思っています。さて次のページからは、僕が旅をする途中で仲間になった人たちの成功体験を紹介します。さまざまな年代のさまざまな境遇の人が、僕と一緒の「仕組みの世界」に足を踏み入れ、自分の夢を実現させました。

ケース01

「ワールドカップを現地で見る」と誓い、会社をリタイアしてブラジル大会に行った30代男性

サッカー観戦をこよなく愛し、「ワールドカップを現地で観戦したい！」という夢を持っていた、その名もブラジルたかあきさん。前職はメーカーの事務職でした。30歳になった頃から南米やヨーロッパに行って、現地でサッカー観戦を楽しむのが趣味になりました。

しかしながら当時の年収は約３８０万円。あまりお金を使わない生活だったため、貯金は５００万円ほどありましたが、そのままサラリーマン生活を続けていくことに不安を感じていました。そしてお金に関する本を読んでいるうちに、不動産投資のことを知ります。

「アパートを買って家賃収入が得られれば、会社を辞めても生きていける！」と気づき、行動を開始。本を読んだりセミナーに参加したり、投資家や不動産会社に相談し

たりするも、自分の目標を達成する道筋がいま一つ見えず、最初の一歩が踏み出せないでいました。そんな時に著者のブログを見つけ、相談に来ました。

「自分と似たような境遇で、なおかつ不動産投資で成功している人がいないかとネットで探したところ、紺野さんを見つけ、早速連絡を取りました。『2014年ブラジルワールドカップに行くために、それまでにリタイアしたい』と熱い想いを相談したところ、目標達成までの道筋についてアドバイスをいただきました」

それが2011年夏のこと。その約3カ月後に、まず自宅用の区分マンションを住宅ロ

DATA

大家ネーム	ブラジルたかあき
住まい	神奈川県海老名市
年齢	30代後半
家族構成	独身
大家歴	3年
現在の毎月キャッシュフロー	42万円
前職（当時の年収）	自動車部品メーカーの事務（380万円）
所有物件	区分1戸、アパート1棟8室、RC1棟8室
自分なりの投資基準	利回り、感性を大事に
取引のある金融機関	三井住友トラストL&F、公庫

ーンで購入。さらにその自宅を担保に入れて、ノンバンクから融資を受けて神奈川県横浜市に木造アパート（築30年・8室・利回り17％）を購入しました。この時点で、給与以外の合計キャッシュフローは月22万円になりました。

さらに2013年9月、富山県富山市にRCマンション（築20数年・8室・利回り15％）を、公庫から法人で融資を受けて購入。この時点で毎月のキャッシュフローは月42万円になりました。

給与以上のキャッシュフローを得る仕組みを構築したことで、いつ会社を辞めてもいい状態になりました。ただ実際に辞める際は、かなり悩んだとか。

「不動産を買ってから、気の持ちようが変わり、それまで楽しくなかった仕事が楽しくなったんです。怖いものがなくなったので、上司にガンガン文句を言えるようになったり（笑）。だから辞めると言った時は、工場のスタッフのみんなに引き留められましたね」

実際に会社を辞めたブラジルたかあきさんは、ブラジルに飛び、現地で日本代表を応援するという夢を叶えることができました。

現在は湘南ベルマーレのサポーターとして、全国各地のスタジアムに行き、シーズン中の全試合を応援するサポーターライフを満喫しています。「会社に勤めていないので、日曜日の夜に開催する地方の試合を見にいくこともできます。ＬＣＣ（格安航空会社）を使えば遠征費も安く抑えられます」今後はもう少し物件を買い、キャッシュフロー月１００万円を目指すとのこと。

ブラジルたかあきさんの２棟目のマンションは公庫で融資を受けました。ちょうどその頃僕は、公庫の方針が変わり、「法人で６カ月以上の売上実績があれば融資をする」との情報を得て、実際に自分でも融資を受けることに成功していました。その方法をブラジルたかあきさんに教えて実践してもらったところ、上手くはまって買うことができました。

年収程度の自己資金を貯め、ノンバンクや公庫、ＳＢＪ銀行を使って融資を受ける。これは年収５００万円以下のサラリーマンにとっては王道の投資戦略だと思います。将来的には地銀、信金にも行けます。

ケース02

不動産会社勤務なのに知らなかった、不動産投資の世界。鬼のようなスピードと行動力で1年に3棟購入

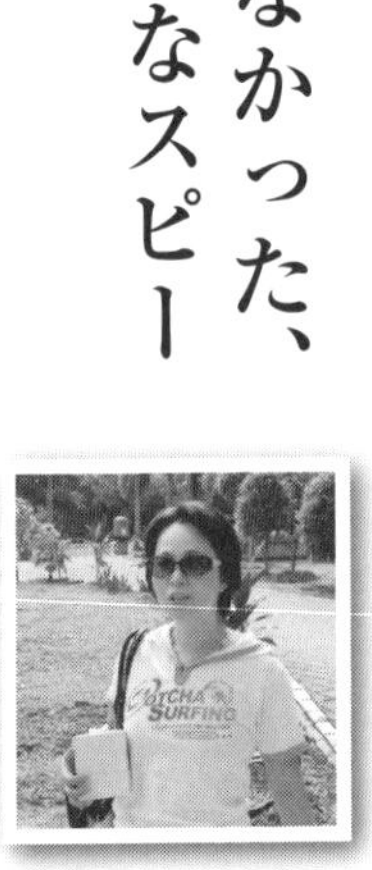

姐御投資家ＫＡＺさんは、僕が以前勤めていた不動産管理会社の同僚です。賃貸住宅の営業として20年以上のキャリアがあります。たまたま一緒に外出した時、僕の不動産投資について話したところ、食いついてきました（笑）。ですから僕の最初の相談者になります。

「不動産投資は地主がやるものだと思っていました。それなのに何の資本もない一般のサラリーマンが、お金を借りて始められるなんて、長く不動産業界に勤めていたのに初めて知りました。そんなにオイシイ話ならやらなきゃ損！　と思いましたね」

その後の彼女のスタートダッシュがすごかった。すぐにノンバンク（三井住友トラストＬ＆Ｆ）に問い合わせて、融資を受けるための条件を聞き出しました。「購入する物件とは別に担保となる物件が必要」と言われ、まず担保用に、大手銀行の住宅ロ

ーンを使って、３００万円だけあった貯金を頭金に、神奈川県横浜市に１３００万円の戸建てを自宅として購入。それが２０１１年６月のこと。

その半年後、戸建てを担保に、三井住友トラストＬ＆Ｆの融資を受けて、千葉県船橋市に木造アパート（築25年・６室・利回り15％）を購入しました（この時点で合計キャッシュフローは月17万円）。

さらに翌月には、三井住友トラストＬ＆Ｆの融資を受けて千葉県千葉市に木造アパート（築25年・４室・利回り14％）を購入（この時点で合計キャッシュフローは月26万円）。

その後、少し間が空いて２０１３年11月、公庫から融資を受けて群馬県伊勢崎市の２棟

DATA

大家ネーム	姐御投資家 KAZ
住まい	神奈川県横浜市
年齢	50 代
家族構成	夫婦 2 人
大家歴	3 年半
現在の毎月キャッシュフロー	40 万円
前職（当時の年収）	不動産管理会社の営業（360 万円）
所有物件	戸建て 1 棟、アパート 4 棟 20 室
自分なりの投資基準	1 都 3 県、都下はファミリー物件のみ。利回り、立地重視
取引のある金融機関	三井住友トラスト L&F、公庫

セットの木造アパート（築30年・10室・利回り16％）を購入。現在はこれらの物件からの合計キャッシュフローは月40万円ほどになっています。

アパートはいずれも地方で、駅からの距離も遠いのですが、高い利回りをはじき出しています。地方はクルマ社会ですから、駅から遠くても駐車場さえ付いていれば関係ないですね。ただし賃貸需要はきちんと見極めることが大切です。

彼女のすごさはそのスピードと行動力。やるとなったらすぐにノンバンクに問い合わせをしましたし、融資を申し込んだら待っているのではなく、担当者にガンガン問い合わせていましたから（笑）。

また公庫に融資を申し込んだ時、最初は消極的な担当者に当たってしまいました。しかし彼女はそこで諦めずに、ほかの窓口に行き、「公庫の方針は間違っている」ということを懇々と説明し、結果、担当者を変えてもらったこともありました。ほかにもこんなエピソードがあります。

「物件を買ったあと、その現場に夜行ったところ、周囲に街灯がなくてとても暗かったんです。これは女性には不安だと思い、市役所に電話をしたら、『それは市長の担当です』と言われたので、市長の電話番号を教えてもらい直談判しました。そうしたら、すぐに街灯を付けてくれたんです。私のおかげであの道は明るくなったので、自分のなかでは『ＫＡＺロード』と呼んでいます（笑）」

その行動力には僕もずいぶん学ばされました。

彼女も前職の不動産管理会社を辞めて、現在は知人の経営する会社を週３回だけ手伝っています。「旅行などにも気兼ねなく行けるし、食べたいものも食べられる。飼っている猫５匹、犬１匹のご飯も豪華になりました」と充実したライフスタイルを送っている様子。

「夫婦の片方が死んだら自宅を売却して、とっとと老人ホームへ入館します。いよいよ自分が逝く時は、全所有物件を売って動物愛護団体に全部寄付する予定です」。

今後はファミリー物件を中心に増やしていき、月１００万円を目指すと意気込んでいます。そのために法人であと２、３棟の物件を購入する予定とのこと。すでに３年ほどの実績があるので、今度は信金からの融資に挑戦してみるといいと思います。

ケース03
年収３００万円台の介護士から脱出！不動産投資をしながら大学生活を楽しむ日々

ＯＧＡさんは当倶楽部の副部長。シェアハウスアドバイザー、そして満室経営アドバイザーの肩書きも持ちます。

彼は高校卒業後、パチスロで生計を立てるスロプロをやっていました。開店から閉店まで1日13時間スロットをする日々を3年間続けたところ、座ってばかりの生活で身体を壊してしまい、引退。

今度は介護福祉士の職に就きました。仕事内容は気に入っていたのですが、肉体的にきつい割に低賃金で、だんだんと将来が不安になってきました。そんな時、ロバート・キヨサキの『金持ち父さん貧乏父さん』を読んで、「不動産で副収入を得るしかない！」と一念発起。その１カ月後、スロプロ時代に貯めた現金を元手に、価格５００万円、築45年、再建築不可の戸建てを現金買いしました。２００8年のことになります。

「２階建ての２世帯住宅で、下の階に自分が住み、上の階の３ＬＤＫを女性限定のシェアハウスにしました。利回りなんて言葉も知らないような状態でしたが、とにかく手探りでリフォームや日々の管理をして、毎月12万円の家賃が入ってくるようになりました。それまでは賃貸住宅に住んで自分が８万円を払う側でしたから、差し引き20万円のプラスです。これはすごい！　と感激しましたね」

ＯＧＡさんは続けて２棟目、３棟目のシェアハウスを、今度はノンバンクで融資を受けて購入。しかし次第にシェアハウスは手間がかかりすぎると感じるようになっていました。

「シェアハウスを作るには、戸建て住宅を買

DATA

大家ネーム	OGA
住まい	東京都
年齢	30 代前半
家族構成	独身
大家歴	6 年
現在の毎月キャッシュフロー	138 万円
前職（当時の年収）	介護福祉士（370 万円）
所有物件	戸建て（シェアハウス）4 棟、アパート 4 棟 44 室
自分なりの投資基準	利回りと立地重視。所有権にはこだわらない
取引のある金融機関	三井住友トラスト L&F、公庫

って、そこから内装を整えたり備品を用意したりする必要があります。また、全部空室の状態から入居者を募集するので、満室にするまでに時間がかかるんです」。そこで今度はアパートを買おうと考え、ネットで情報を探しているうちに僕のブログにたどり着いたそうです。

「たまたまシェアハウスの外壁塗装をしようと考えていて、紺野さんに塗装業者を紹介してもらったところ、他の業者よりも2割も安くて驚きました。これはすごい人を見つけたと思い、アパートの購入についても相談に乗ってもらいました」

その後、2011年8月に、神奈川県川崎市に築23年の木造アパート（6室・利回り13・9％）を三井住友トラストL&Fから期間25年、金利3・9％で融資を受けて購入。これにより合計キャッシュフローが毎月78万円を超えたこともあり、29歳の時にサラリーマンを引退しました。不動産投資を始めてから3年でリタイアを果たしたことになります。

その後もOGAさんは、アパートや戸建てを次々と買い進めていき、現在では、アパート4棟、戸建て4棟を持ち、合計のキャッシュフローは毎月130万円を超えています。

彼の投資方法の特徴は、入居者の募集や管理を全部自分でやるところ。インターネットを駆使したり、人に紹介してもらったり、近隣のライバル物件にポスティングしたりして、あっという間に空室を埋めてしまう独自のノウハウを持っています。また、徹底して安さにこだわっているのも特徴です。

「周りと同じような物件では競争に負けてしまいますから、賃料の安さでインパクトを出したいと考えています。できるだけ安く仕入れてお金をかけないで直して、自分で募集や契約をすることで、安い賃料を実現しています」

彼もサラリーマンを引退したあと、僕と同じように燃え尽き症候群になってしまったそうです。しかしある時、「あらためて一から不動産や建築のことを勉強したい」と考え、一念発起して大学を受験。今では32歳にして初めてのキャンパスライフを楽しんでいます。

OGAさんの不動産投資での目標は、これまでは築古物件ばかりだったので、築浅物件の比率を増やしていくこと。プライベートでは、自分で買った土地に自分で設計した自宅を建てることが夢だそうです。

ケース04

地元密着で信用金庫から融資をゲット。まもなくキャッシュフロー200万円超えの〝信金マスター〟

さかもんさんは建築系の専門学校を出てコンクリート会社に勤めたあと、親が設立した内装会社に転職し、現在も勤務しています。

社会人になってから株と投資信託で資産運用をしはじめましたが、リーマンショックで大きなダメージを受け、株・投信で資産を形成するのは難しいと実感。そこで、自分でもできる手堅い投資方法として不動産投資について勉強を始めたそうです。

それから数年間のインプット期間を経たあと、株を全部売ったお金1100万円を元手に、いよいよ不動産投資を始めることに。

最初は不動産投資では定番のオリックス銀行で融資を申し込みました。しかし、職業の欄に「会社員」と書いたところ、家族経営の企業は「自営業」の扱いになってしまうらしく、融資を断られてしまいました。

そこで今度は信用金庫での融資に挑戦。地元の信金に相談に行くと、たまたま前職のコンクリート会社と付き合いのある融資担当者に当たり、話が盛り上がったことも手伝ってか、期間15年の融資を受けることができました。神奈川県横須賀市の築22年、１５００万円の木造アパートです。

「前のオーナーがお金に困って差し押さえになった物件で、満室のままのオーナーチェンジ、利回り21％のお宝物件でした。どうしても欲しかったので、自己資金を３割入れたり、融資特約をなくして申し込んだりして、競争に勝ちました」

この時点で合計キャッシュフローは月18万円を達成。その後も約半年に１棟のペースで、

DATA

大家ネーム	さかもん
住まい	神奈川県横須賀市
年齢	30代後半
家族構成	妻＋子４人
大家歴	２年半
現在の毎月キャッシュフロー	132万円
前職（当時の年収）	内装会社（600万円）
所有物件	アパート６棟54室
自分なりの投資基準	よい物件なら構造や規模は気にしない。地元エリアに絞る。
取引のある金融機関	信用金庫、地方銀行

アパートを購入していきました。

・**2棟目**　木造アパート1500万円（利回り17％）、CF33万円達成
・**3棟目**　木造アパート5500万円（利回り15％）、CF73万円達成
・**4棟目**　木造アパート1900万円（利回り16％）、CF89万円達成
・**5棟目**　鉄骨造アパート4600万円（利回り15％）、CF113万円達成
・**6棟目**　木造アパート2500万円（利回り16％）、CF132万円達成

1～5棟目は信金、6棟目からは地銀で融資を受けています。また、3棟目以降はすべて自己資金を入れずにフルローンかオーバーローンに成功。信金は担保評価を重視すると言われますが、「利回りがよくて信用があれば、担保割れでも貸してくれる」とのこと。さらに最近7棟目のアパートを購入するとのことで、まもなくキャッシュフロー2000万円に手が届こうとしています。

僕と知り合ったのは、3棟目を購入したあたりになります。

「紺野さんのブログを読んだら、物件を持っているエリアがカブっていて、年齢も近く、不動産投資の考え方も似ているので興味を持ちました。それに仲間と一緒にバー

ベキューとかしているのを見て楽しそうだなと（笑）。それで私も倶楽部に入れてもらいました。みんなでワイワイガヤガヤとやりながら、ほかの不動産投資家仲間をサポートするのが楽しいです」

ちなみに僕の「物件06」も、さかもんさんに信金の担当者を紹介してもらって買うことができました。

信金マスターであるさかもんさんは、次の物件の購入を見据えて、普段から信金との関係構築に力を入れているそうです。たとえば、中小企業向けの積立預金やカードローンを利用したり、まだ取引のない信金の担当者に相談に行ったり。「自宅周辺エリアの信金は全部取引していこう」という意気込みです。

今後、会社のほうは半分リタイアする予定。そして不動産投資にますます力を入れ、半年に1棟のペースでさらに買い進めていき、３年後には合計キャッシュフロー月３００万円に到達することが目標だそうです。

「地元の横須賀市は人口減少数が全国トップで、街が徐々に衰退しています。地元の金融機関と協力しながら優良な賃貸住宅を提供することで、微力ながら地域の活性化に貢献できればと思っています」

ケース05

仙台で被災後、8棟以上の収益不動産を購入。起業家応援＋農業での起業も視野に入れて活動中！

仙台市在住の白ひげさんは、かつては酪農協（農協の酪農版）で農家の経営指導などを行っていました。両親と祖母を仙台に呼ぶため、区分マンションを購入。実家、自宅、両親用区分マンションのローンを、一つの住宅ローンにまとめる決済をしたところ、その17日後に東日本大震災が起こりました。

両親用区分は空室のまま被災。両親が住んでいた実家は1階部分が全部浸水。実家を再建しながら、仕事でも農家の復興支援に奔走する、激務の日々を6カ月続けたところで、体調を崩し精神的にも不安定な状態になったそうです。

「目まいがして起き上がれない状態になりました。体調は戻らないし、上司と折り合いが悪くなり今後の出世も望めそうもない。震災後の不安もあって、将来のことを考えている時に本屋でサラリーマン大家さんについての本を見つけ、不動産投資を知りました。これしかない！と、貯金に加え、親から借りたお金を合わせて５００万円を元手に、物件探しを始めました」

その約１カ月後には、仙台市にＲＣマンション（７０００万円、利回り11％）をオーバーローンで購入。この時点でキャッシュフローは月21万円を達成。

そしてその半年後、今度は群馬県にＲＣマンション（利回り14％）を購入。キャッシュフローは月89万円を達成。

さらに約２カ月後、宮城県石巻市に津波で床上浸水した木造アパート（利回り17％）を購入。キャッシュフローは月１０５万円に到達しました。

さらにさらにその４カ月後……というよう

DATA

大家ネーム	復興起業家 白ひげ
住まい	宮城県仙台市
年齢	40代
家族構成	妻＋子３人＋親２人＋祖母
大家歴	２年
現在の毎月キャッシュフロー	178万円
前職（当時の年収）	酪農協の職員（500万円）
所有物件	戸建て１棟、区分１戸、RC2棟、木造４棟（全87室）
自分なりの投資基準	物件価格1000万円に対して毎月キャッシュフロー10万がメド
取引のある金融機関	荘内銀行、仙台銀行、スルガ銀行、公庫、三井住友トラストL&F

に猛烈な勢いで物件を買い進めていきました。僕のところに個別相談に来たのはこの頃で、空室対策や融資戦略、早期リタイアについてアドバイスをしたのを覚えています。

現在では、戸建て1棟、区分1戸、RC2棟、木造4棟（全部で87室）を保有し、月178万円のキャッシュフローを獲得し、さらに止まることなく物件取得を進めています。

彼の優れている点は、東北圏の融資状況を上手に捉えて、キャッシュフローがどれだけ残るかを徹底的に意識した物件選定、融資選定をしていること。また、先輩投資家に会ったりセミナーに参加するために、全国各地に飛んでいくフットワークの軽さは見習うべきです。

これまではスルガ銀行、地元の地方銀行&信用金庫、ノンバンクを使い、短期間で規模の拡大を実現しているので、今後はいかに事業性融資で拡大しながら「筋肉質な財務状態」にしていくかがポイントになると思います。

さて２０１３年1月に、１棟目の不動産を購入してから1年半後、サラリーマン生活に別れを告げた白ひげさん。それまでよりも精力的に動き回る充実した日々を送っているとか。

「リタイア後は会う人がまったく変わり、視野もとても広がりました。サラリーマン時代は本当に小さな価値観のなかで生きていたんだなと思います」

今後は別の方面でやりたいことがあるそうです。

「一つは農業ビジネスです。宮城県には被災の影響で活用されていない農地がたくさんあるので、そこを利用してシイタケ・イチゴなどを栽培する農業を始め、雇用を生みたい。もう一つは、起業家のサポートです。復興支援を目的に起業をしたいという人は多いのですが、資金面で行き詰まってしまうケースがよくあります。そんな人に不動産投資を絡めた指導をすることで、安定収入を得ながらの起業を実現させてあげたい。10年で１０００人の起業家を育てたいですね」

キャッシュフローの作り方を広めて、「復興起業家」として東北を元気にしてもらいたいですね。

あとがき

最後までお読みいただきありがとうございました。

一般の方でも収益不動産を持つことで、お金、時間、場所にしばられず、自らが自由に選択する人生を手に入れることができます。本書ではそのために、徹底して、不動産で「キャッシュフロー」を出すための黄金の方程式を解説しました。

お読みいただいた皆様には、キャッシュフローの大切さが理解いただけたのではないでしょうか。

不動産投資を実践する際にはぜひ、

「通帳にお金が残らずしてキャッシュフロー不動産投資は成立しない！」

を合い言葉に、キャッシュフローが出るか出ないかを軸として、あらゆる局面で適切な判断をしていってください。

また不動産投資は事業でもあります。不動産投資家というよりも賃貸経営者の視点を持って、経営手腕を発揮してほしいと思っています。

年収が低くても、自己資金が少なくても決して諦める必要はありません。最初は険しい階段ですが、少しずつでもキャッシュフローを積み上げていくことで、やがてその階段は緩やかになり、仕組み構築のスピードは徐々に加速していきます。結果、毎月100万円キャッシュフローに到達することができるはずです。

重要なのは諦めないこと。人生、どこかで踏ん張ってやらなければならない時があります。大胆に行動すれば、それが人生を大きくひっくり返す炎となります。

各章の最後に写真で紹介しましたが、僕はパソコン1台で仕事をしながら世界を旅して回るライフスタイルが気に入っています。読者の皆様においても、本書で解説した方程式を使ってキャッシュフローを獲得していただき、自ら自由に選択する人生を手に入れていただくことを期待しています。

本書はこれで終わりですが、書き切れなかったことがたくさんあります。

皆さんにお伝えしたいことや最新の融資事情、より具体的なノウハウ、倶楽部メンバーの投資事例など、有益な情報をブログやメルマガで発信していますので、ご覧になってください。情報は共有する時代です。僕の知っていることであれば、情報・ノウハウの出し惜しみはしません。

【ブログ】http://blog.livedoor.jp/capital_flight/

【メルマガ】ブログ内に登録フォームあり

最後になりましたが出版のきっかけをつくってくれた安藤謙太郎さん、この本をまとめあげてくれた木村香代さん、取材・ライティングで協力してくれた平行男さん、そして日々一緒に研鑽している毎月１００万円キャッシュフロー倶楽部メンバーへお礼申し上げます。

パリ行きエールフランスの機内にて

紺野健太郎

［著者］
紺野健太郎（こんの・けんたろう）
賃貸不動産経営コンサルタント、毎月100万円キャッシュフロー倶楽部主宰。
78年生まれ、東京都出身。17歳で高校中退後、騎手を目指し海外の競馬学校へ留学するも夢破れて帰国。その後、年収100万円、自己資金50万円の20代のときに不動産投資の仕組みに気付き、サラリーマンから離れ、お金、時間、場所に捕われない生き方をすると決意。
その後、不動産投資の専門家になるため、不動産賃貸経営管理で約10年間に渡る実務経験を積み、自己資金200万円で不動産投資を開始する。
融資先を見つけてから物件を探すという新しい不動産購入スタイルを軸に、現在は8棟59室、年間の手取り収入は2400万円。投資を開始してから２年８か月でサラリーマンを退き、夢に描いた通り世界各地を旅しながらパソコン１台を携えて、日々の不動産管理や新たな不動産売買などを行い、理想のライフスタイルを送っている。
また同じ目標、不動産投資で夢に向かった仲間を集め、不動産投資とライフスタイルの情報共有する『毎月100万円キャッシュフロー倶楽部』を設立、倶楽部長として多くの人と面談。年収が低くても自営業でも不動産投資が始められる融資戦略をベースとした「キャッシュフロー不動産投資法」のアドバイスを求めて、全国から相談者が訪れており、実際に会ったのは延べ700名を超える。

※ブログ　http://blog.livedoor.jp/capital_flight/
※メルマガ　http://alliance1128.xsrv.jp/lp_mm/

不動産投資で人生を変える！
最速でお金持ちになる絶対法則
――資産ゼロでも毎月100万円を稼ぐ仕組み

2015年２月13日　第１刷発行
2018年３月28日　第３刷発行

著　者――紺野健太郎
発行所――ダイヤモンド社
〒150-8409　東京都渋谷区神宮前6-12-17
http://www.diamond.co.jp/
電話／03･5778･7234（編集）　03･5778･7240（販売）
装丁――――竹内雄二
本文デザイン―新田由起子、徳永裕美（ムーブ）
製作進行――ダイヤモンド・グラフィック社
印刷――――勇進印刷（本文）・加藤文明社（カバー）
製本――――ブックアート
編集協力――平 行男
編集担当――木村香代

ISBN 978-4-478-06131-2

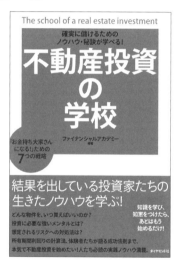